북한담배 - 프로파간다와 브랜드의 변주곡

초판1쇄 인쇄	2019년 9월 9일
초판1쇄 발행	2019년 9월 30일
지은이	강동완
출판사	도서출판 너나드리
제작	하늘생각
등록번호	2015-2호(2015.2.16)
주 소	부산시 사하구 다대로 381번길 99 101동 1406호
이메일	simple1@hanmail.net
전 화	051-200-8790, 010-4443-6392
책임편집	강동완
디자인	박지영
교 정	송현정 최은향
값	29,000 원
ISBN	979-11-965081-3-5(03340)

· 이 도서의 국립중앙도서관 출판예정도서목록(CIP)은 서지정보유통지원시스템 홈페이지(http://seoji.nl.go.kr)와 국가자료공동목록시스템(http://www.nl.go.kr/kolisnet)에서 이용하실 수 있습니다. (CIP제어번호 : CIP2019036792)

북한담배

프로파간다와 브랜드의 변주곡

차례

I. 북한담배의 정치선전과 브랜드   16

고려청자	중국 난징담배의 복제품	20
고려	문화재를 찾아온 애국자	24
갈매기	갈매기 날아와요	26
갑문	서해갑문	28
강선	강선의 저녁노을	30
건설	조선에서의 건설	36
7.27	전승절	38
고향	사향가	42
광명	광명성절	46
금강	금강의 세동서	50
금강산	금강산의 노래	52
금수강산	조선제일미녀	56
길	고향으로 온 련대장	60
꿀벌	해님을 우러러 부르는 노래	64
내고향	다시찾은 내고향	66
단풍	단풍마을입니다	69
대덕산	일당백의 노래	72
대동강	대동강에서 만난 사람들	74
대동문	대동문영화관	80
대성	대성백화점	82
도라지	도라지꽃	86
동방	프리미엄담배	88
동해	련속기행 동해의 명승을 찾아서	90
라진	라진선봉지역	92
려명	려명거리	94
룡봉	평양룡봉담배공장	96
룡악산	이름을 지어주시다	100
마식령	마식령속도창조	103
매양	늘 한결같이	106
명신	명신일반무역회사	110
묘향	묘향산이 빛나는 것은	112
미래	달려가자 미래로	116
민들레	민들레학습장	119
박연	박연전설	124
백두산	백두산의 장군별	126
백산	평양백산담배회사	132
번개	번개와 우뢰	138
별	태양을 따르는 별	140
부흥	강성부흥아리랑	148
불씨	삼일포담배공장	150
붉은별	조선민주주의인민공화국 국장	152
비약	무에서 유를 창조하라	154
삼일포	천연기념물 218호	156
상감령	상감령전투	158
서광	대외선전매체	160
설경	설눈아 내려라	161
성새	사회주의의 성새	162
수리개	산정의 수리개들	163
새봄	석개울의 새봄	166
아리랑	대집단체조와 아리랑	169
아침	아침은 빛나라	172
압록강	압록강 이천리	174
위성	항일혁명투사 오백룡	178
진흥	떨쳐 일어남	180
천리마	동무는 천리마를 탔는가	182
천지	항일무장투장 시기 혁명활동	186
칠성	서사시 북두칠성	190
타조	타조목장과 인민생활향상	192
태성	잠진미사일공장	194
평양	혁명의 수도	196
평화	오직 핵으로만	202
하나	우리는 하나	204
항공	비행사 길영조	208
호랑이	백두산 호랑이병사	212

II. 그 밖의 담배　216

동양	218
룡흥	219
메아리	220
명마	221
방패	222
번영	223
봄	224
봄맞이	225
북두칠성	226
새벽	227
선봉	228
송악	229
영광	231
인삼담배	232
장백산(중국담배)	233
지평선	234
청송	235
칠보산	236
해돋이	237
화력	238

III. 해외상표 담배　240

AROMA	242
BACSON	243
BLACK GALLEON	244
BLACK PANTHER	245
CORSET	246
CRAVEN "A"	247
EMPEROR	248
GRAND	249
JO BLACK	250
MAC	251
MILANO	252
NAPOLI	253
OSCAR	254
РУССКИЙ СТИЛЬ	255
SACRED ELEPHANT	256
SÔNG CÂU	257
VIDANA	258
WIN	259

IV. 북한담배 디자인 서체　262

V. 북한담배공장 리스트　268

> 일상의 어느 부분에서 우리는 스스로의 자유의지에 따라 행동한다고 생각하지만 실은 거대한 권력을 행사하는 독재자들의 지배를 받는다.
>
> 에드워드 버네이스 지음, 강미경 역,
> 「프로파간다: 대중 심리를 조종하는 선전 전략」 중에서...

프롤로그

선전(宣傳)은 "주의, 주장이나 사물의 존재 가치를 여러 사람에게 널리 전하거나 알림"이라는 뜻이다. 자본주의체제에서 선전은 특정 상품을 팔기 위한 광고의 의미라면, 사회주의체제의 선전은 정치사상을 높이기 위한 일체의 활동에 더 가깝다. 우리는 살아가며 어떠한 형태로든 누군가로부터 영향을 받는다. 특히, 정치권력을 가진 지배자의 의도는 선전으로 작동될 수밖에 없다. 서로 체제가 다른 남한과 북한도 예외는 아니다. 단지 그 선전의 영역이 돈이냐 권력이냐의 차이가 있을 뿐이다.

생명의 다리가 된 담배 두막대기

자본주의 시장에서 판매되는 여러 상품 가운데 담배는 일종의 기호품이다. 담배 생산자는 소비자가 선호하며 소비욕구를 높일 수 있는 브랜드를 고려한다. 담배 포장지의 색상, 디자인, 상표, 서체 등은 개인의 취향과 소비욕구를 끌어당기기 위한 주요한 요인이다.

이와 달리 북한에서 담배는 기호품이라기보다는 생활필수품이라 해도 과언이 아니다. 북한에서는 어떤 일이든 반드시 뇌물을 바쳐야 겨우 일이 처리된다. 북한말로 "고인다"는 표현은 뇌물을 건넨다는 뜻이다. 뇌물로 가장 많이 사용하는 건 바로 담배다. "담배 두 막대기 고이고 압록강 넘었어요"라는 말은 담배 두 보루(막대기)를 국경경비대에 바치고 탈북 했다는 의미다. 담배 두 막대기가 생명의 다리가 된 셈이다.

담배는 북한 주민들에게 목숨이 달릴 만큼 유용하다. 건강에 해로운 담배가 오히려 생명을 살리는 물품이 되는 역설적인 상황이다. 북한 주민들뿐만 아니라 김정은 역시 담배를 정치적으로 활용한다. 자신보다 나이가 훨씬 많은 간부들 앞에서 담배를 피우는 모습이 노동신문에 공개되기도 했다. 젊은 지도자의 권위를 높이기 위한 이미지 정치다. 북한에서 담배의 활용가치가 이처럼 다양하다면 과연 북한담배 브랜드는 어떤 의미로 전달될까?

북한담배 브랜드를 바라보는 두 가지 시각

이 책은 두 가지 시각에서 북한담배를 살펴본다. 첫 번째는 일반적인 상품 가치로써 북한담배 브랜드다. 자본주의 시장에서 기업은 고객의 욕구와 수요를 고려하여 고객이 선호하는 브랜드를 개발한다. 브랜드 아이덴티티는 명칭, 디자인, 상징, 시각적 요소들을 조합하여 기업이 소비자들에게 바라는 바람직한 연상을 만들어낸다. 소비자는 시장에서 상품을 선택할 때 제품 자체뿐만 아니라 브랜드 또한 중요한 변수로 여긴다. 상품 디자인, 상표, 색상, 서체, 포장지 형태, 이미지 등이 브랜드에 속하는데 북한상품도 예외일 수는 없다.

김정은의 교시에 따르면 "상표는 제품의 얼굴입니다. 상표가 좋으면 상품이 돋보이고 빛이 납니다. 상표를 시대적미감에 맞고 사람들의 마음에 들게 잘 만들어야 합니다."라며 제품 브랜드를 강조한다.

이 교시만 보면 북한 역시 자본주의 시장과 다름없이 소비자로부터의 선택을 위한 브랜드가 강조됨을 알 수 있다. 또한 상표뿐만 아니라 상품의 디자인을 좌우하는 산업미술에 대해서도 강조한다. 지난 2012년 4월 10일 김정은은 <김일성 탄생 100돐 경축 국가산업미술전시회장>에서 "산업미술은 경제건설과 인민생활향상을 추동하는 척후대의 사명을 수행합니다. 경제를 발전시키려면 반드시 산업미술을 발전시켜야 합니다"라고 언급했다. 하지만 북한이 이처럼 상품의 상표와 디자인을 강조한다고 해서 북한인민을 단지 대중 사회의 소비자로만 인식하지는 않는다.

"닭알(계란)에도 사상을 재우면 바위를 깰 수 있다"

바로 이러한 점에서 두 번째 시각은 정치사상 관점에서 보는 북한담배 브랜드다. 자본주의에서 상품 브랜드는 소비자의 의식과 생각을 유혹한다. 일례로 담배가 건강에 미치는 해로움을 포장하기 위해 순하다는 의미의 마일드, 에

북한 OO지역 장마당(시장)의 담배 노점상
(2019년 7월 4일 필자 직접 촬영)

가장 많은 상품은 갈매기, 천지, 별 등이며 룡봉, 진흥, 수리개, 금강산, 대동강, 박연 등의 담배가 확인된다. 가운데 진열된 담배는 중국 <장백산>으로 제품에 따라 가격편차가 심하다. 중국에서 한 갑에 7위엔에서 50위엔까지 다양하다.

세 등의 이름을 붙이는 방식이다. 하지만 북한체제에서는 단순히 상품 판매만을 위한 목적으로 브랜드를 만들지는 않을 것이다.

기업의 자율적인 책임과 소비자의 욕구가 중요시 되는 자본주의와 달리 사회주의체제, 특히 북한에서의 브랜드는 소비자의 일차적 욕구보다는 국가가 주입하고자 하는 정치사상이 내포될 수밖에 없다. "닭알(계란)에도 사상을 재우면 바위를 깰 수 있다"며 정치사상을 강조하는 북한이다. "사상을 틀어줘고 대중의 무궁무진한 사상의 힘, 정신력을 총발동하기 위한 정치사업을 진공적으로 벌려나간다면 이 세상에 못해낼 일이 없다는 귀중한 진리를 새겨주고 있다"고 말할 정도다.

사회주의문화, 선군문화가 반영된 우리의 상표

실제로 북한당국은 브랜드에도 사상을 담아야 한다고 주장한다. 2016년 3월 18일자 노동신문을 보면 "상표에는 사상문화적가치도 들어있다. 상품의 소비자인 사람들의 사상 감정과 문화적 요구를 반영하지 못한 상표는 아무리 경제적가치가 크다고 해도 결코 사람들의 공감을 살수 없다."고 강조한다.

이어서 신문은 "소박하면서도 통속적이고 조형예술적으로 세련된 상표, 자기 민족의 유구한 력사와 전통을 살리면서도 시대발전의 요구를 반영한 상표라야만 사람의 기억 속에 사랑과 믿음의 상징으로 간직될 수 있다. 우리 인민의 고상한 사상정신세계와 사회주의문화, 선군문화가 반영된 우리의 상표가 이를 직관적으로 보여주고 있다."고 강조한다.

특히 "현대경제에서는 상표에 대한 새로운 인식에 기초하여 상표를 기업활동의 가장 귀중한 자산으로 간주하는 것이 세계적 추세로 되고 있다."며 마치 자본주의 작동방식을 포용하는 듯하다. 하지만 결과적으로 "상표의 의의와 중요성을 규제하는 이 모든 것은 오직 상표의 경제적 가치 일면에 국한된 것이다. 상표에는 사상문화적가치도 들어있다. 상품의 소비자인 사람들의 사상감정과 문화적 요구를 반영하지 못한 상표는 아무리 경제적가치가 크다고 해도 결코 사람들의 공감을 살수 없다."고 언급한다. 이는 결국 상표가 사상의 또 다른 선전수단으로 활용됨을 의미한다. 상표의 '경제적 가치'보다는 '사상문화적 가치'를 더욱 우선한다는 것이다. 북한정권이 인민들의 사상을 고취하기 위한 효율적인 선전을 담배 브랜드나 디자인에 투영할 수 있다. 이 책의 부제가 바로 브랜드와 프로파간다의 변주곡인 이유다.

시, 소설, 음악, 영화에서 찾은 상표의 정치사상적 의미

그런데 이 책에서는 북한담배 브랜드가 어떤 정치사상을 선전하는지 직접 분석하지는 않는다. 그것은 필자의 자의적 해석이 개입될 여지 때문이다. 따라서 북한체제의 선전선동 도구로 활용되는 시, 음악, 영화, 공식문헌 등에서 그 의미를 찾는 수준까지만 작업했다. 한마디로 표면과 내면의 의미를 찾고 연결하는 정도의 작업이라 명하고 싶다.

예를 들어 북한담배 상표 중 "민들레"가 있다. 민들레의 표면적 의미는 말 그대로 들에 피는 꽃을 의미한다. 그런데 프로파간다를 담은 내면의 관점에서 보면 '민들레'는 전혀 다른 의미로 전해진다. 김정은이 북한학생들이 사용하는 학습장(노트)생산 공장 건설을 지시하고, 이름까지 직접 지어주었다고 선전하는데 그 이름이 바로 민들레학습장이다. 따라서 북한 노래와 시, 소설, 노동신문 등에서 민들레를 주제로 한 콘텐츠를 찾아 그 의미를 살펴봤다.

50만원을 주고서라도 구입한 북한 담배

이 책에서 소개하는 담배는 김정은 시대(2013년 부터) 북한에서 생산, 유통되는 것으로 필자가 북한 내 밀수업자나 북중접경지역 상인을 통해 직접 입수한 것들이다. 북중접경 지역을 오가며 한 두 갑씩 북한담배를 모으기 시작한 지 어언 7년 정도가 넘었다. 발품을 팔아 구석구석 다니다 새로운 담배 하나를 발견했을 때의 기쁨이란 이루 표현할 수가 없었다.

숨기지 못한 기쁨의 표현 때문이었을까? 희소성의 원칙에 따라 가격이 결정되는 북한상품 거래의 특성상 필자의 기쁨을 간파한 상인에게는 어김없이 바가지 쓰기가 일쑤였다. 시가로 중국돈 5위엔(한화 900원 상당)정도면 살 수 있는 북한담배 1갑을 60위엔(한화 10,800원)을 주고 산적도 있다. 북중접경에서 필자가 직접 구매한 담배 외에, 북한내부에서 담배를 구해 온 밀수업자에게는 50만원을 주기도 했다. 다른 곳에서는 구할 수 없는 희귀한 제품이기에 그만한 가치는 충분히 지불할 수 있다고 여겼다. 그렇게 한 두 갑씩 모은 북한담배가 200여종에 이른다.

북한담배를 일일이 구하는 과정은 어려웠지만, 신상품의 출시 기간은 매우 짧았다. 심지어 한 달여 만에 북중접경지역을 방문했을 때 5종류의 새로운 담배를 구한 적도 있었다. 북한담배는 하나의 브랜드라 해도 타르와 니코틴 함량을 달리해서 다양한 디자인으로 출시하기 때문에 그 종류가 다양하다.
예를 들어 '대동강'담배는 타르 함양이나 필터종류에 따라 디자인과 색상, 가격이 다른데 그 종류만 10여종에 이른다. 한국산 담배와 달리 랜턴이나 라이터를 사은품으로 넣어서 포장한 가방모양의 선물용 제품까지 그 형태도 매우 특이하다.

또한 각각 다른 담배회사별로 동일한 브랜드를 다른 제품형태로 생산하는 경우도 있다. 예를 들어 '항공'담배는 디자인과 색상이 다른 4종류 모두 공장과 회사가 다르게 표기된다.

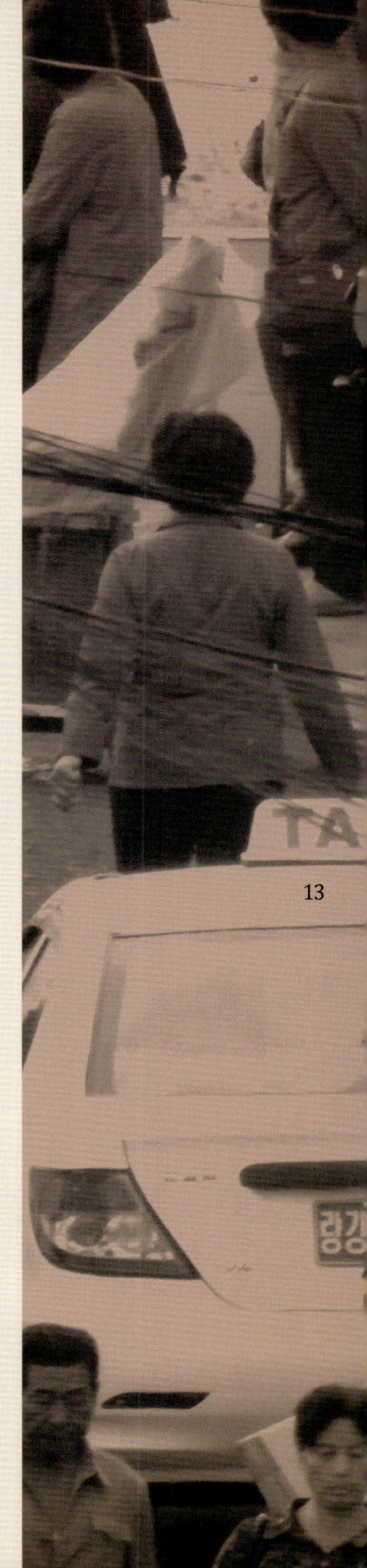

북한 OO지역 장마당
삼일포 담배박스를 자전거에 싣고가는 여성
(2019년 7월 28일 필자 직접 촬영)

선전(propaganda)과 또 다른 선전(advertise) 사이에서
<자력갱생>, <자급자족>의 우리식사회주의를 지키자며 목소리를 높이지만 정작 북한사회 깊숙이 자리한 자본주의 행위 양식은 이미 사회 변화의 주요한 동력이다. 정치사상을 고취하기 위한 상표를 만들지만, 동시에 소비자를 의식해 디자인과 색상, 서체, 포장형태 등 브랜드를 고려할 수밖에 없는 북한당국의 이중적 고민이 담배 안에 고스란히 담겨 있다. 북한담배에 감추어진 선전(propaganda)과 또 다른 선전(advertise)이 어떤 변주곡으로 울리는지 함께 들어보자. 북한사회를 가늠하는 또 하나의 창(窓)으로 말이다.

> 고려청자, 고려, 갈매기, 갑문, 강선, 건설, 7.27, 고향, 광명, 금강, 금강산, 금수강산, 길, 꿀벌, 내고향, 단풍, 대덕산, 대동강, 대동문, 대성, 도라지, 동방, 동양, 동해, 라진, 려명, 룡봉, 룡악산, 룡흥, 마식령, 매양, 메아리, 명마, 명신, 묘향, 미래, 민들레, 박연, 방패, 백두산, 백산, 번개, 번영, 별, 부흥, 북두칠성, 불씨, 붉은별, 봄, 봄맞이, 비약, 삼일포, 상감령, 서광, 설경, 성새, 선봉, 수리개, 새봄, 새벽, 송악, 아리랑, 아침, 압록강, 영광, 위성, 인삼, 진흥, 지평선, 천리마, 천지, 청송, 칠보산, 칠성, 타조, 태성, 평양, 평화, 하나, 화력, 항공, 해돋이, 호랑이

2019년 9월 9일,
조선민주주의인민공화국 정권 수립 71주년을 기념한다는 날,
담배 하나에 목숨을 걸어야 하는 북녘사람들의 아픈 현실을 뒤로하며
강동완 쓰다.

cig · ar · ette

I. 북한담배의 정치선전과 브랜드

북한 OO지역 길거리에서 담배를 판매하는 모습
(2019년 7월 28일 필자 직접 촬영)

高丽쳥자

2019년에 발매된 담배 <고려청자>는 슬림형 제품으로 하늘색 바탕에 인삼 모양이 그려져 있다. <고려청자>라는 이름은 어떤 의미를 담았을까? 북한 소설 <중편실화: 고려청자>(금성청년출판사, 2012년)는 "일제에게 강탈당한 우리나라의 문화재를 찾아온 한 애국자에 대한 이야기를 서술하다."고 소개한다. 한편, 고려청자 담배 디자인은 중국 담배 <난징>과 디자인이 거의 흡사하다. 글자를 제외하면 두 담배를 구별하기 어려울 정도다. 고려청자를 만든 담배회사가 <진흥합작회사(Jinhung Joint Venture Company)>라는 점에서 중국 담배회사와 합작으로 만들었기 때문에 비슷한 디자인이 아닐까 추측된다. 만약 그게 아니라면 중국 담배 난징이 시기적으로 앞서 출시된 제품임을 감안할 때 북한이 디자인을 모방한 것으로 볼 수 있다.

<북한담배 고려청자와 중국담배 난징>

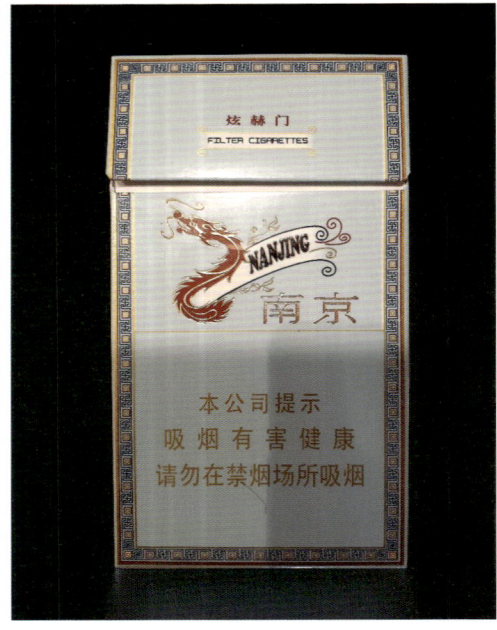
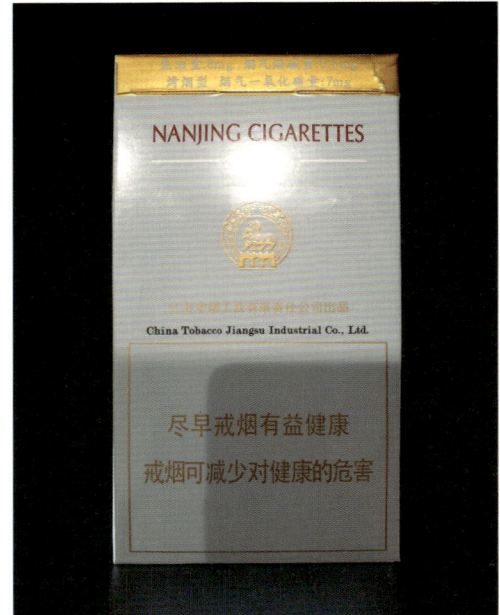

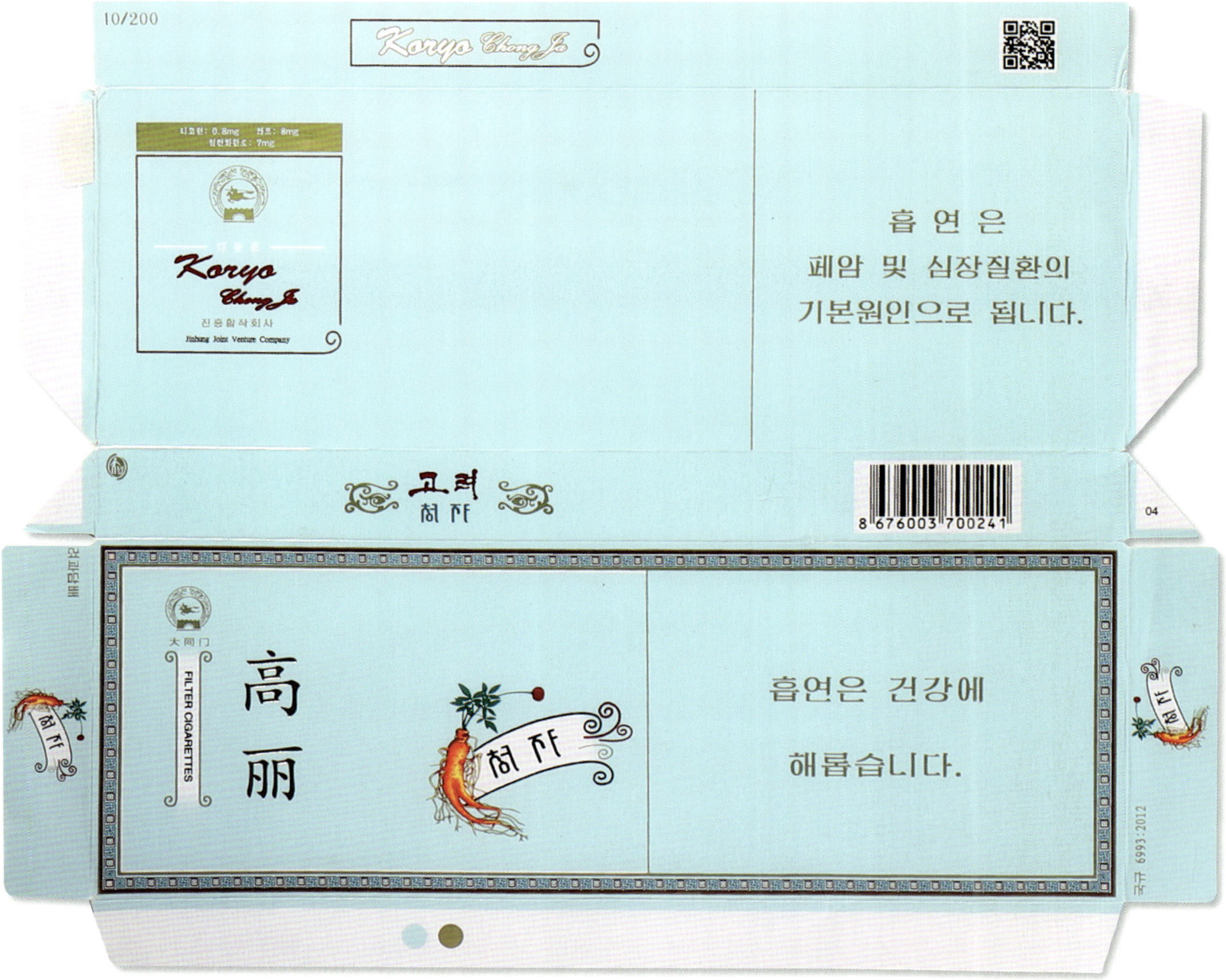

10/200

Koryo Chong Jo

니코틴: 0.8mg 탈르: 8mg
일산화탄소: 7mg

Koryo
Chong Jo
진흥합작회사
Jinhung Joint Venture Company

흡연은
페암 및 심장질환의
기본원인으로 됩니다.

고려
첨자

8 676003 700241

04

大同门
FILTER CIGARETTES

高丽
첨자

흡연은 건강에
해롭습니다.

국규 6993:2012

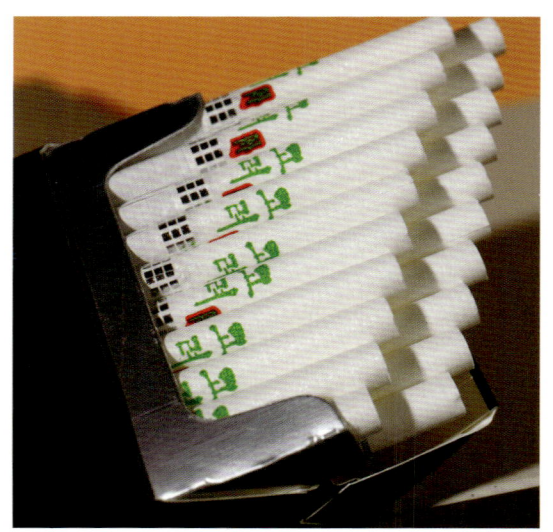

25

갈매기

각각 다른 색상으로 종이포장과 박스포장 두 종류다. 담배포장지에는 바다를 상징하는 물결과 갈매기 한 마리가 그려져 있다. <갈매기 날아와요>라는 동시에서 갈매기는 김정은이 현지 지도한 대동강파수종합농장과 수산물기업소의 성과를 선전하는 매개체로 표현된다.

예술영화 "<갈매기>호 청년들"(1961년)
바다로 나간 청년들이 보수주의와 경험주의를 반대하고 혁신적성과를 거두는 랑만에 찬 생활모습을 담은 영화로 자본주의를 넘어서는 생산력 증대가 곧 사회주의 건설의 기반이라는 사상을 이야기한다.

도서 문희준, 「갈매기」 (평양:금성청년출판사, 1987)

갈매기 날아와요

전성철

끼륵끼륵 끼르륵
서해의 갈매기
대동강과수종합농장에
날아왔어요

원수님 꽃피워주신
멋쟁이 사과바다
너무도 희한해
머리갸웃 빙빙

아지마다 탐스런
왕사과알들
정말이지 신기해
다시 보며 빙빙

그 어데 바라봐도
잎절반 사과절반
가지마다 휘도록
대풍든 사과바다

너무너무 기뻐서
춤을 추던 갈매기
아이참 훨훨
어디로 가나

먼바다 《단풍》호
아저씨들께
사과바다 풍년소식
알려주겠대요

출처 : <해님을 우러러 부르는 노래(2) 축포성>
(금성청년출판사, 2018).

갑문

갑문은 선박이 통과하기 위한 상하류 수위를 조정해주는 장치를 의미한다.
북한의 대표적인 갑문으로는 남포 서해갑문을 들 수 있다.

서해갑문은 우리의 설계와 기술, 우리의 자재와 힘으로 우리 인민이 자력갱생, 간고분투하여 일떠세운 위대한 창조물이다. 건설자들은 공사기간 10여기의 산을 떠옮기고 하루 2만여립방메터의 콩크리트를 타입하였으며, 1,600여만립방메터의 돌과 골재를 채취하여 언제를 쌓았다. 공화국정부가 갑문건설에 투자한 금액은 40억원이상에 달한다.

<조선에서의 건설> (1991년, 외국문출판사) 중에서

강선은 천리마운동이 시작된 강선제강연합기업소(현재 천리마제강연합기업소)가 있는 곳이다. 영변 지역 외 핵시설이 있는 곳으로 추정하는 지역으로, <강선의 로동계급>이라 언급할 만큼 북한에서는 의미있는 지역으로 손꼽힌다. 지난 2008년 12월 24일 김정일이 이곳을 현지지도했다. 당시 <로동신문>은 "새로운 혁명적 대고조의 봉화를 지펴주시였다"고 소개했으며, 천리마제강연합기업소 노동자들은 "강성대국 건설에서 조선사람의 본때를 보여주자!"는 '전투적 기치'를 제시했다. 이후 2009년 신년사에서는 '강선의 본때'라는 표현이 등장했다. 2009년 1월 23일자 <로동신문>은 "강선의 본때는 강성대국건설을 위한 총공격전에서 전체 인민이 높이 발휘하여야 할 창조정신과 투쟁기풍의 시대적 본보기"라고 언급했다. 그러면서 신문은 '선군시대의 새로운 기적을 창조한 강선의 본때는 무엇인가'하고 묻고는 다음과 같이 세 가지로 답했다.

첫째, 강선의 본때란 "당과 수령의 부름이라면 제일먼저 떨쳐 일어나 사생결단의 정신력을 발휘해나가는 용감한 선구자의 기세"라는 것이다.

둘째, 강선의 본때란 "남이 못한다는 것도 이악하게 달라붙어 끝까지 그리고 더 훌륭하게 해내고야마는 강한 민족적 자존심"이란 것이다.

셋째, 강선의 본때란 "시련이 겹쌓일수록 앞을 내다보며 새롭고 발전적인 것을 대담하게 만들어내는 창조자의 기질"이라는 것이다.

미술

북한 화가 정영만의 작품인 <강선의 저녁노을>도 강선제강소를 배경으로 그린 그림이다. 2009년 3월 15일자 <로동신문>은 "강선의 노을과 더불어 빛나는 시대의 명작, 조선화《강선의 저녁노을》에 대하여"라는 기사에서 "강선의 노을, 아침저녁 피고지는 노을이 아무리 아름다와도 혁명적대고조의 봉화를 추켜들고 강선로동계급이 피워올리는 장쾌한 쇠물빛 노을에는 비길수 없을 것이다."라고 했다. 담뱃갑에 그려진 그림도 바로 이 공장의 모습을 표현했다.

정영만 작, <강선의 저녁노을>

강선 담배는 타르 함양에 따라 포장지 색깔이 다른 세 종류다. 포장지 색상은 각각 다르지만 마치 용광로에 쇳물을 붓는 듯한 모습의 빨간색 아이콘은 공통적으로 표시되어 있다. 강선은 천리마운동이 시작된 강선제강연합기업소…

영화

강선을 배경으로 한 영화는 <기록영화 조선로동계급의 본때>와 <우리집 이야기>가 있다. 2016년 9월 3일 <조선중앙통신>은 "조선예술영화촬영소에서 예술영화 '우리 집 이야기'를 만들어 내놓았다"고 보도했다. 영화는 강선땅 '처녀어머니'를 주제로, 중학교를 갓 졸업한 주인공 리정아가 은정이네 형제를 부모처럼 보살핀다. 그 공로로 주인공은 김정은으로부터 '노동당의 딸, 처녀어머니'라고 불린다는 내용이다. 영화의 실제 주인공은 장정화는 18세의 나이로 강선땅 고아 7명을 키웠으며, 이를 계기로 2017년 2월 제2차 전국청년미풍선구자대회 대표로 선출됐으며 김정일청년영예상을 수상했다.

내 고향에 <처녀어머니>가 있다

위명철

철의 도시 내 고향에
처녀어머니가 있는 줄
이 땅 누군들 모르랴만
날이 갈수록 장하게만 여겨져
더욱 자랑하고 싶구나

처녀라도 스무살 꽃나이처녀
엄마라도 일곱명 아이들의 엄마
우리 원수님 너무너무 기쁘시여
안아주고 싶었다 하신 처녀엄마

전기로에 가면
부모들 넋을 심어주는 선생님모습
거리에 나서면
아이들의 눈동자에 거울처럼 비쳐드는
례절바른 어머니의 모습

오로지 원수님만 믿고따르는
우리 시대 청춘들의
그 한없이 고결한 충정

내 고향사람들 심장마다에 비껴
철의 도시 하늘가에 노을은 더욱 아름답거니
어제만이 아닌 오늘도
오늘만이 아닌 래일에도
원수님 아시는 <처녀어머니>로 살려
날마다 뜨거운 정 바쳐가는 처녀

끌끌하게 자란 아이들 앞세우고
우리 원수님 또다시 뵈올 그 한마음
세월속에 더더욱 굳히며 사는
쇠물처럼 뜨거운 <처녀어머니>

아, 천리마의 고향 강선을
온 나라가 다 알 듯이
이 땅 누구나 다 아는 그 처녀
아, 내 고향에 <처녀어머니>가 있다

출처 : 리일섭 편집, <시집> 선군조선의 태양을 우러러(5) 만리마시대 (문학예술출판사, 2017)

북한 노래 중 <강선의 노을>이라는 곡은
강선제강연합기업소를 배경으로 지어졌다.

노래   <강선의 노을>

1절   노을은 아침저녁 피고지건만
         강선의 붉은노을 언제나 피네
         아~ 어버이 그사랑
         하늘땅 끝까지 넘쳐 흐르네

2절   만경대고향집을 옆에 두시고
         강선의 로동계급 먼저 찾아주셨네
         아~ 그날의 그사랑
         아름다운 노을속에 어리여 오네

3절   충성의 마음 담아 끓는 쇳물은
         수령님 사랑속에 노을로 피네
         아~ 어버이 그 사랑
         사회주의 노을속에 영원하리라

혁명일화 - 처녀어머니

청년강국의 자랑스러운 력사와 더불어 또 하나의 전설같은 이야기가 펼쳐져 만사람의 심금을 울리였다. 온 나라가 다 아는 <처녀어머니>인 남포시 천리마구역 사회급양관리소 로동자 장정화동무. 20살 처녀의 몸으로 한두명도 아니고 7명의 부모없는 아이들을 맡아키운 그의 소행은 참으로 훌륭한 미덕이었다. 물론 그의 소행자체도 아름다운것이지만 그것을 소중히 여겨주고 내세워주는 고마운 사랑이 없이는 한철 곱게 폈다 지는 꽃과 같이 되고말았을것이다. 사람들은 장정화동무의 소행을 두고 칭찬을 아끼지 않았다. 그러나 그 누구보다도 그의 소행을 높이 평가하시고 주실수 있는 온갖 사랑을 다 안겨주신분은 경애하는 원수님이시였다. 경애하는 최고령도자 김증은동지께서는 다음과 같이 말씀하시였다. **<<...부모없는 아이들을 잘 돌봐줄데 대한 당의 뜻을 받들고 나어린 처녀로서 7명의 아이들을 자기 집에 데려다 키우고 있어 다른 사람들로부터 <처녀어머니>라고 불리운다고 하는데 그는 정말 훌륭한 처녀입니다.>>** 어려운 일, 힘겨운 일에 앞장선 기특하고 대견한 우리의 청년들에게 자랑찬 대회합을 마련해주신 경애하는 원수님께서는 천금같이 귀한 시간을 아낌없이 바치시여 그들과 함께 사랑의 기념사진을 찍어주시였다. 이날 경애하는 원수님께서는 기념사진촬영에 앞서 당과 수령, 조국과 인민, 동지들을 위하여 아름다운 미풍을 발양하는데서 특출한 모범을 보인 여러 청년들을 만나시고 그들의 소행을 하나하나 들어주시면서 따뜻이 고무격려해주시였다. 경애하는 원수님게서는 감격과 환희에 휩싸여있는 장정화동무의 손도 뜨겁게 잡아주시며 부모없는 아이들을 일곱이나 데려다 키운다지라고 따뜻이 물어주시였다.

건설

담뱃갑에는 건설장과 붉은깃발을 든 노동자가 그려져 있다. 필터에 따라 <박하담배>와 <려과담배> 2종류이며 포장지 색상으로 구분한다. <박하담배>는 초록색, <려과담배>는 검정색 글씨다. <7.27>담배와 함께 김정은이 피우는 담배로 알려져 있다.

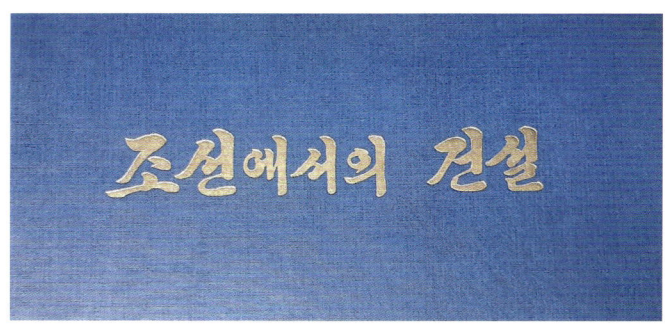

사진: 1991년에 북한에서 출간된 <조선에서의 건설>이라는 제목의 화보집

50년대는 전후복구 건설의 망치소리가, 60년대와 70년대에는 사회주의건설 투쟁으로 나라의 면모를 일신시켰고, 80년대 건설의 대전성기로 보내고 90년대에 놀라운 건설속도를 창조하였으며, 2000년대에는 만리마속도전을 제시하고 있다.

1991년에 발간된 <조선에서의 건설>이라는 화보집에는 북한 건설에 대한 인식이 잘 드러난다. 원문을 그대로 인용하면 "우리 인민은 나라의 방방곡곡에서 련이어 새로운 건설속도를 창조하고 있다. 최고 4.9분에 한세대, 하루에 보통 200여세대의 살림집을 조립하는 기적이 통일거리건설장에서 창조되었다. 전후 천리마대고조시기 건설자들은 살림집을 14분에 한세대씩 조립하였다면 오늘은 그보다 약 3배, 살림집면적까지 계산하면 무려 10배에 달하는 조립속도를 창조하였다."

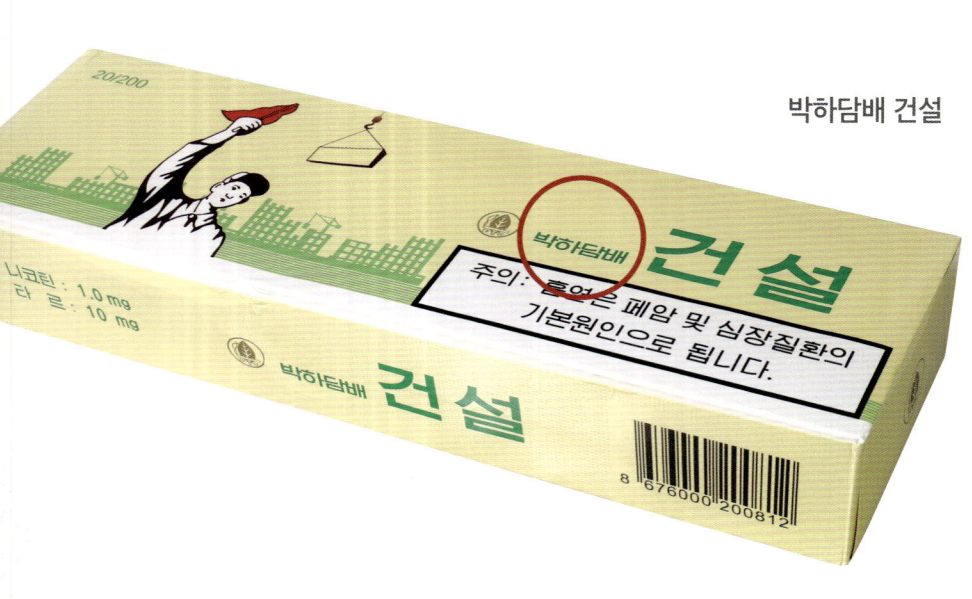

박하담배 건설

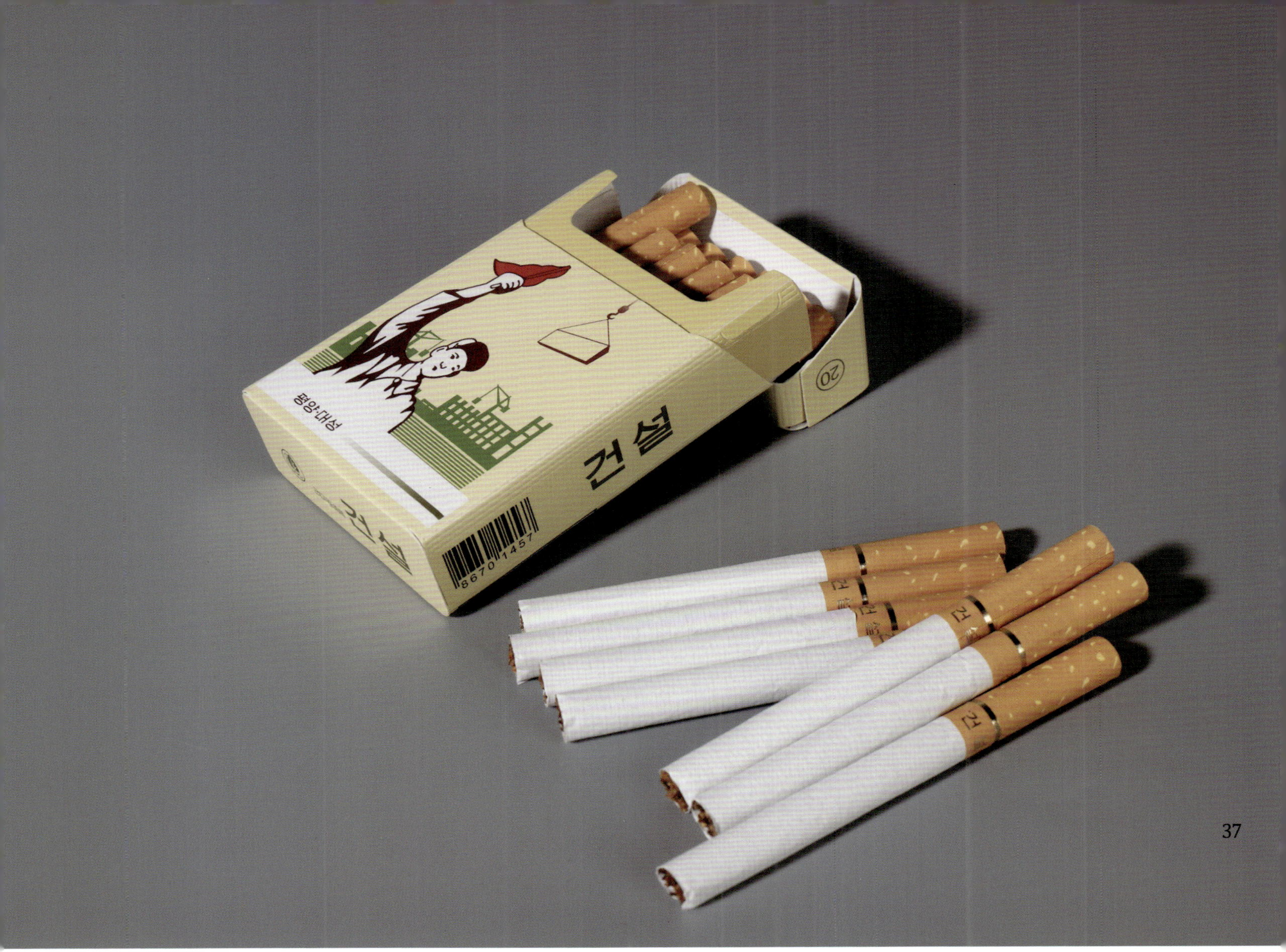
건설
평양대성
20
8670 1457

련과담배
건설
평양 대성

련과담배
건설
20

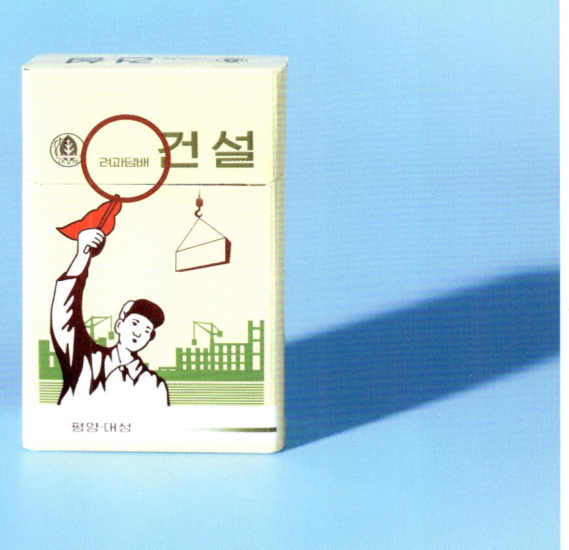

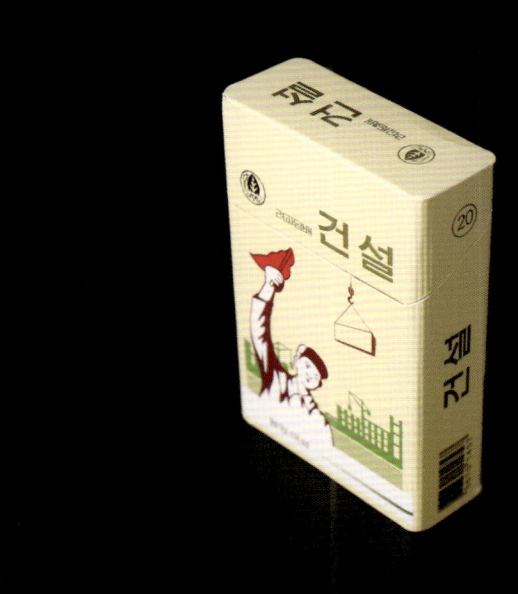

7.27

북한에서 7월 27일은 전승절로 기념하는 날이다. 1953년 7월 27일, 우리는 정전협정일로 기념하지만 북한은 이를 전승절로 부른다. 한마디로 "미제국주의와 남조선 괴뢰도당이 일으킨 전쟁"에서 승리했다는 의미로 전승이라 부른다. 실제로 담뱃갑에는 전쟁기간인 1950-1953이라는 숫자를 기입했다.

김정은이 국산품 애용을 강조하면서 실제 피우는 담배로 알려져 있다. 중국에서 거래되는 북한 담배 중 가장 고가다. 한 갑에 한국 돈으로 10,000원, 한보루에 100,000원에 거래된다. 철제케이스에 두 보루를 넣은 선물용도 있으며, 황금색 바탕의 제품은 슬림형이다.

우리의 7.27

1절   가슴에 훈장을 달고 전우들 모여왔네
        전승의 기쁨을 안고 전우들 모여왔네
        공장과 협동벌의 그 옛날 병사들이
        (후렴) 오늘은 군복을 떨쳐입고 모두 모여왔네
        칠이칠 우리의 칠이칠 승리의 칠이칠
        전우여 그날의 우리노래 함께 부르자

2절   순간도 승리의 신심 잃지를 않았다네
        때로는 승리를 위해 목숨도 바치였네
        불타는 전선길과 용광로앞에서
        우리는 한마음 이날 위해 힘껏 싸웠다네 / (후렴)

3절   가슴에 훈장을 달고 전우들 모여왔네
        전승의 축포를 보며 전우들 맹세하네
        원쑤가 덤벼들면 내 나라 내 조국 위해
        또다시 멸적의 총창들고 우리 나가리라 / (후렴)

고향

최근 북한에서 뇌물로 가장 많이 사용되는 고급담배다. 슬림형 2종과 박스형 2종 이다. 북한에서 고향의 의미는 김일성의 항일무장투쟁 시에 조국을 그리워 한다는 내용으로 주로 선전한다. 특히 김일성이 직접 만들었다며 <불후의 고전적 명작>으로 격상시킨 <사향가>는 고향의 의미를 정치사상으로 연결한다.

노래   <사향가>

1절   내 고향을 떠나올 때
        나의 어머니 문앞에서
        눈물 흘리며 잘 다녀오라
        하시던 말씀 아 귀에 쟁쟁해

2절   우리집에서 멀지 않게
        조금 나가면 작은 시내
        돌돌 흐르고 어린동생들
        뛰노는 모양 아 눈에 삼삼해

3절   대동강물 아름다운
        만경대의 봄 꿈결에도
        잊을 수 없네 그리운 산천
        광복의 그날 아 돌아가리라

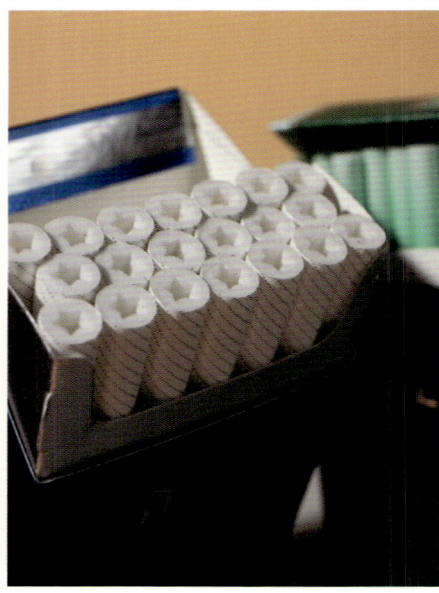

44

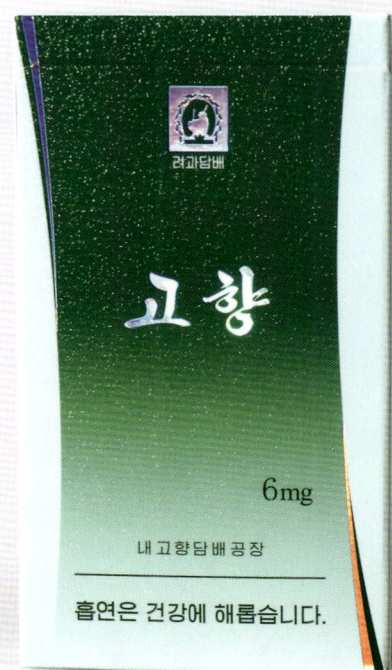

광 명

광명 담배는 포장 및 타르 함양에 따라 3종류다. 일반적인 형태인 위로 개봉하지 않고 옆면의 슬라이딩 방식으로 개봉하는 형태도 있다. 북한에서 간부들이 주로 피우는 담배로 알려져 있다. 특이한 점은 위로 개봉하는 광명 담배 중 붉은색 바탕의 디자인제품은 중국 담배 <운양>과 색깔 및 디자인이 거의 똑같다.

광명이라는 명칭은 김정일을 의미한다. 김정일의 생일인 2월은 광명성절로 김일성의 생일인 태양절과 함께 가장 큰 명절로 기념한다. 김정일의 광명성 별칭은 최고지도자에 대한 우상화를 통해 세습체제의 정당성을 구축하기 위해 지어졌다. 광명성이라는 명칭은 여러 분야에서 사용되고 있다. 북한의 장거리탄도미사일은 광명성 一호 라는 이름을 붙였고, 경제 분야에서는 광명성무역총회사, 광명성경제연합회 등이 있다. 조선어대사전(1992년)에는 광명성에 대하여 ① 환하게 빛나는 별, ② 항일혁명투쟁시기 환하게 빛나는 별이라는 뜻으로 친애하는 김정일동지를 높이 우러러 이르는 말로 소개한다. 2016년 광명성절경축 왕재산예술단 청봉악단 공연, 2018년에는 광명성경축 재일조선인예술단의 음악무용종합공연 <2월의 봄빛은 영원합니다>가 개최되었다.

49

<북한 광명과 디자인이 유사한 중국 담배 운양>

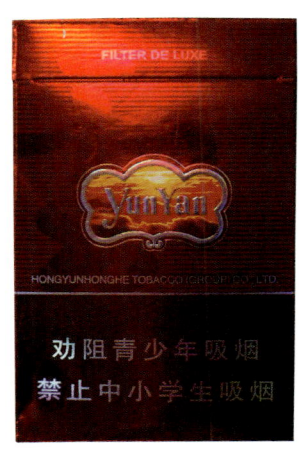  

금 강

담배 포장지의 그림은 '금강산 귀면암'의 모습이다. 금강이라는 이름과 관련한 영화로는 <금강의 세 동서>라는 작품이 있다. 북한문헌은 "조국해방전쟁시기 전선에 나간 남편들과 함께 전쟁승리를 위해 모든 것을 다 바친 여성들의 불굴의 투쟁정신을 남김없이 보여준다"라며 이 영화를 소개한다.

영화 - 금강의 세 동서

금강의 세 동서로 불리우는 덕녀, 길순, 학신은 남편들을 전선으로 떠나보내고 전선으로 오가는 군인들을 위해 온갖 정성을 다한다. 포장이였던 남편이 전선에서 희생되였으나 내색하지 않고 군인들을 성의껏 돌봐 주는 맏동서를 보며 길순과 학신은 덕녀처럼 군인들을위한 일에 발 벗고 나선다.

영화는 조국해방전쟁시기 전선에 나간 남편들과 함께 전쟁승리를 위해 모든것을 다 바친 우리 녀성들의 불굴의 투쟁 정신을 남김없이 보여주고있다.

출처: 홍찬수, 「조선의 영화예술」 (평양: 조선영화수출입사, 2018).

금강산

북한에서 금강산은 어떤 의미일까? <5대혁명가극노래 100곡집>(문학예술출판사, 2018)에 수록된 노래 중 금강산을 주제로 한 곡이 있다. 혁명가극 <금강산의 노래>는 <피바다>식혁명가극[1]으로 제작되어 1973년 4월 15일 첫 공연의 막을 올렸다. 인민의 태양이 있어 '눈물 많던 금강산'이 '락원의 금강산'으로 되었다는 내용이다.

"우리 인민이 누리고 있는 오늘의 행복이 어떻게 마련되었으며 참다운 삶과 행복을 보장해 주는 우리 제도는 어떤 제도인가를 주제로 하고 위대한 수령님께서 마련해 주신 우리 나라 사회주의제도는 세상에서 가장 우월한 인민의 락원이며 영원한 행복의 원천이라는 사상을 밝히고 있다."

노래 금강산의 노래

아 위대하신 우리태양 그 이름도 빛나는 김일성원수님

아름다운 이나라의 광복을 위하여 이십성상 눈보라를 헤치며 싸우셨네

높이솟은 봉이들도 구슬같은 맑은물도 김일성 원수님의 은덕을 노래하네

---

[1] 북한 문헌에 따르면 <피바다>식혁명가극이란 "우리 당의 주체적 문예사상을 빛나게 구현함으로써 내용에서 혁명적이고 사회주의적이며, 형식에서 인민적이고 민족적인 사회주의음악예술의 참다운 본보기로 되고 있다. 우리식의 절가화와 방창, 무용과 무대미술로 이루어진 <피바다>식혁명가극은 가극사에서 찾아볼 수 없는 전혀 새로운 가극이다"라고 정의한다. 최석 외, 5대혁명가극노래 100곡집 (평양: 문학예술출판사, 2018), p. 131.

영화 - 금강산으로 가자

연구사 동수는 사람들의 무병장수에 리로운 약초를 찾기 위해 금강산에 온 련희를 진심으로 도와주려고 한다. 하기에 그는 자기를 오해하고 금강산을 떠나려는 련희를 막아나서며 그의 연구사업에 필요한 약초를 찾아내기 위해 험한 산길도 마다하지 않는다. 뒤늦게야 련희는 동수의 뜨거운 마음을 알게되며 조국산천의 귀중함을 깨닫게 된다.

출처: 홍찬수, 「조선의 영화예술」 (평양: 조선영화수출입사, 2018).

금수강산

금수강산 담배는 모두 4종인데 노란색 곽포장 제품만 평양담배공장으로 표기되고, 나머지는 모두 평양백산담배합영회사 제품이다. 최근 출시된 금수강산은 광명, 려명 담배처럼 옆면을 밀어서 개봉하는 슬라이딩방식으로 고급화 했다. 특히 철제케이스 포장을 한 제품이 선보였는데 북한 담배 중에서 박스형과 종이포장이 아닌 철제케이스 포장은 유일하다. 이 제품에는 금수강산이라는 제품명과 <조선제일미녀>라는 글귀와 장구를 치는 여성의 모습이 그려져 있다.

한편, <오늘의 조국사>에서 발행하는 대외 홍보용 월간잡지의 이름이 바로 금수강산이다. 이 잡지는 전면컬러 사진을 주로 담아 북한체제를 홍보하는 내용으로 채워졌다.

57

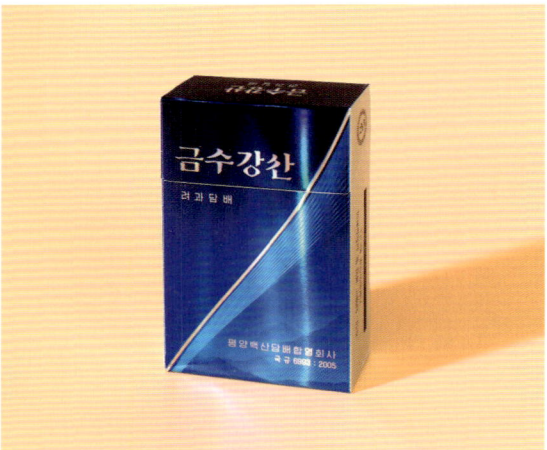

길

<길>담배는 검정색과 초록색 2종류로 홀로그램 디자인이 특징이다. 북한에서 "길"은 주로 "전사의 길, 혁명의 길, 투쟁의 길, 장군님 가신 전선길, 오직 한길..."등으로 표현된다. <길>이라는 제목의 예술영화에 삽입된 "내 운명 지켜준 어머니당이여" 노래는 당을 따라 오직 한길을 간다는 내용이다. 영화에 나오는 대사를 그대로 옮겨보면 다음과 같다.

영화 - 고향으로 온 련대장

알게 모르게 언제나 변함없이 지켜주고 품어온 품은 오직 하나 당의 품이였지.

사람마다 운명들은 제각기여서 간혹 사랑하던 사람과 헤어질수도 있고,

낳아준 부모가 채 키우지 못한 채 일찍이 갈수도 있으며,

또 귀중한 자식을 먼저 보낼수도 있는 것이다.

그런 때도 자신을 두고 불행하다고 말하지 않는 건 우리의 운명을 책임져 주는 은혜로운 당의 품이 있기 때문 아니겠는가. 그래서 아마 행복한 사람도 곡절 많은 사람도 그 품을 의지하고 어디든지 가는것이겠지. 그 길이 천만리라도...

노래 <내 운명 지켜준 어머니 당이여>

1절   굽이 굽이 머나먼 길 홀로 걸을 때
       바람부는 험한령길 나홀로 넘을 때
       남몰래 살펴준 그 사랑 내 미처 몰랐네

2절   말못하는 괴로움도 남먼저 알고
       가슴속에 숨긴뜻도 헤아려주네
       그사랑 그다지 깊은줄 내 미처 몰랐네
       아 내운명 지켜준 어머니 당이여

<고향으로 온 련대장>이라는 영화에 수록된 "전사의 길"이라는 노래 역시 같은 의미를 담고 있다.

노래 <전사의 길>

1절 길이여 길이여 너의 끝은 그 어디
    한생을 걸어도 못다걸을 길이여
    먼길을 왔다고 돌아보지 말라
    전사가 가는 길 후회가 없다네

2절 하나의 행복 찾아 머나 먼 길 왔던가
    명예를 바라 고서이 길 따라 왔던가
    높은 령 넘었다 멈춰서 지 말라
    전사가가는 길 후회가 없다네

3절 천리길 끝난 곳에 만리 길 또 있어라
    가고가다 쓰러져도 영예로운 길이여
    내 못다 가며는 대를 이어서
    영원히 가리라 우리 당따라

영화 -길

해방전 정미업을 운영하던 가정에서 자라 난 주인공 윤실은 아버지의 기업이 파산 당하고 남편까지 징병에 끌려가게 되자 어린 아들과 함께 온갖 고생을 다한다. 이러한 윤실에게서 해방은 커다란 기쁨이였고 그때로부터 그는 자동차운전사로서 새 조국건설사업에 나서며 조국해방전쟁의 엄혹한 시기에는 불비속을 뚫고 군수물자를 수송한다. 이 나날 그는 생사조차 몰랐던 남편과 상봉하게 되나 그가 새 가정을 이룬것을 알고는 피눈물을 삼키며 수송길에 오른다. 곡절많은 운명의 길에 윤실에게는 말 못하는 괴로움도 있었으나 어머니 당은 그 모든것을 남 먼저 헤아려주고 그를 따뜻이 보살펴준다. 하기에 그는 아들 마저 잃고 반백이 되였을 때에도 손에서 운전대를 놓지 않고 당을 받드는 길에서 자신의 한생을 빛내여간다.

출처: 홍찬수, 「조선의 영화예술」 (평양: 조선영화수출입사, 2018).

꿀벌

김정은 시대의 성과로 선전하는 곳 중 하나가 과수농가 현지지도를 들 수 있다. 2014년 7월 고산지대 과수농가 현지 지도 후 모란봉악단은 <철령아래 사과바다>라는 곡을 발표했다. 꿀벌은 <철령아래 사과바다>의 꽃바다를 찾아다니는 내용이다.

동시 〈꿀벌들이 봉-봉〉

하대호

아이 고와 봉봉
사과꽃에 사뿐 앉아 즐겁게 노래하던
저 꿀벌 좀 봐

사과나무 가지마다
옮겨앉으며
좋아라 날아예는
애기꿀벌들

이 꽃에서 봉봉
저 꽃에서 봉봉
천만송이 꽃송이
언제 다 앉아볼가

원수님 펼쳐주신
철령아래 사과바다
넓고 넓은 꽃바다에
신이 나서 봉봉

분주히 봉봉
온종일 날아예도
천만송이 꽃바다
언제 다 돌겠니

출처 : 박춘선, 「해님을 우러러 부르는 노래(1) 해빛밝아라 우리 앞날」
(평양금성출판사, 2017).

내고향

<고향> 담배와 함께 <내고향> 담배도 있다. 1949년에 제작된 예술영화 <내고향>에 삽입된 "다시 찾은 내고향"이라는 노래를 살펴보면 일제강점기 고향을 떠났다 광복을 맞아 다시 돌아온 내고향의 의미를 담고 있다. <고향>과 <내고향>담배에서 지칭하는 고향의 의미는 주로 일제강점기 고향집을 떠난 사람들의 그리움을 노래한다.

노래 < 다시 찾은 내고향 >

1절 푸른하늘 기름진 땅 맑은시냇물
     대를 이어살아오는 삼천리강산에 원쑤왜놈 기여들어
     서른여섯해 피눈물과 어둠만이 깊어갔다네
     아 김장군님 밝혀주신 광복의 한 길로
     이 나라의 아들딸은 싸워이겼네

2절 정든 산천 부모형제 모두 버리고
     설한풍과 가시밭길 몇만리였더냐
     꿈결에도 잊지못할 내고향 품에
     광복의 새봄 안고 돌아왔노라
     아 김장군님 길이길이 함께 모시고
     이 땅우에 새 나라를 세워가리라

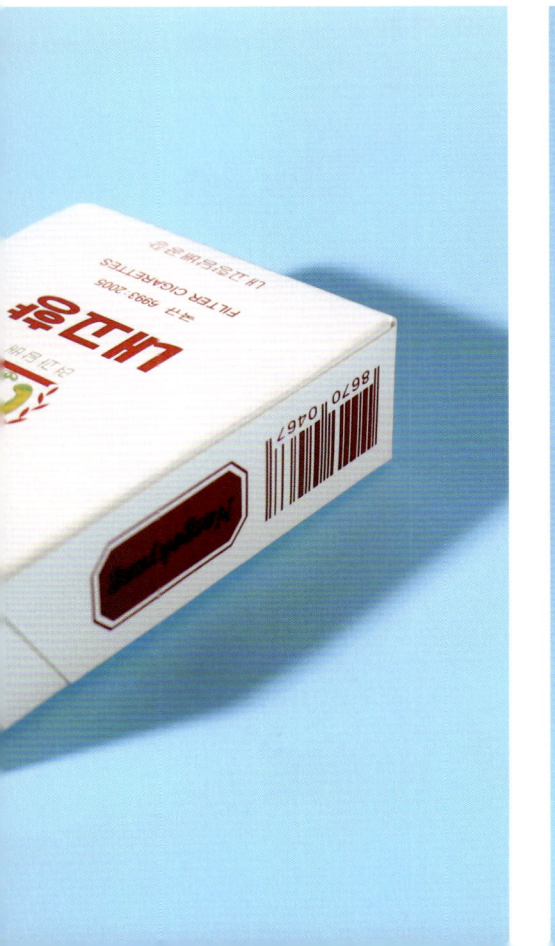

영화 - 내고향

분김에 지주 아들을 때린 것이 《죄》가 되여 억울하게 감옥에 갇히게 된 관필은 그곳에서 항일유격대공작원 김학준을 알게되여 그의 영향밑에 계급적으로 각성되며 탈옥하는데 성공한다. 유격대에 입대한 관필은 항일무장투쟁의 불길속에서 강의한 혁명가로, 능숙한 지하공작원으로 성장한다. 고향은 있어도 갈수 없고 그리운 사람이 있어도 만날수 없었던 관필은 해방의 감격과 기쁨을 안고 고향으로 돌아온다.

출처: 홍찬수, 「조선의 영화예술」(평양: 조선영화수출입사, 2018).

단풍

김정은이 2013년 5월 27일 어느 한 수산사업소를 현지지도하면서 고기배의 이름을 <단풍호>로 지어주었다고 선전한다. 원문을 그대로 옮겨 보면 "단풍호는 경애하는 최고령도자 김정은동지께서 몸소 마련하시고 이름까지 지어주시여 인민군부대들에 보내주신 현대적인 고기배의 이름이다." 김정은은 왜 고기배의 이름을 단풍호라 지었을까? 원문을 살펴보면, "고기배들의 이름을 풍요한 가을처럼 바다에서도 물고기 대풍을 안아오라는 의미에서 <단풍>호라고 다는 것이 좋겠습니다. 이 이름에는 물고기를 꽝꽝 잡아 군인들에게 많이 먹이기를 바라는 나의 기대와 당부가 담겨져있습니다. 고기배들의 이름을 <단풍1호>, <단풍 2호>, <단풍3호>, <단풍4호>라고 달아야 하겠습니다."라고 했다. 이어서 "오늘도 단풍고기배들은 풍요한 가을처럼 해마다 만선의 배고동소리를 높이 울리며 경애하는 최고사령관 김정은동지의 인민사랑을 길이 전하고 있다."[2]고 언급한다.

한편, 김정은이 현지지도한 마을을 단풍마을이라 칭하며 부른 <단풍마을입니다>라는 제목의 노래도 있다.

2) 채희원·원충국, 「김정은장군과 시대어」 (백과사전출판사, 2017).

단풍마을입니다

노래 <단풍마을입니다>

1절   골마다 곱게타는 단풍에 물들어
        마을도 사람들도 꽃처럼 피였습니다
        장군님 찾아오시여 그이름 지어주신
        아름다운 나의 고향은 단풍마을입니다

2절   9월에 '피던 단풍 아니 피고 기다려
        그이 오신 10월에 야 붉게도 피였습니다
        장군님 그리는 마음 끌마다 붉게 타는
        아름다운 나의 고향은 단풍 마을입니다

3절   골마다 울긋 불긋 단풍 만 붉게 피나
        따르고 받드는 마음도 붉게 탑니다
        장군님 해빛 아래서 꽃피는 무롱도원
        천년만년 살고싶은 단풍마을입니다

<대덕산>담배는 <백두산>담배와 같이 북한 군대에 지급되는 군용담배로 알려져 있다. 대덕산은 김일성이 "일당백"구호를 처음 지시한 곳으로 알려진 곳이다. 1988년에 제작된 예술영화 <대덕산>은 대덕산초소를 현지지도한 김일성이 강한 군인이 되기 위해서 <일당백>정신을 지시하게 된 배경을 다루고 있다. 조선인민군협주단이 부른 <일당백의 노래> 역시 '일당백'에 대한 가사로 채워져 있다. 이외에도 대덕산을 다룬 작품으로는 <청년문학> 1998년 제9호에 실린 리석의 시 "대덕산 초소의 들국화"가 있다.

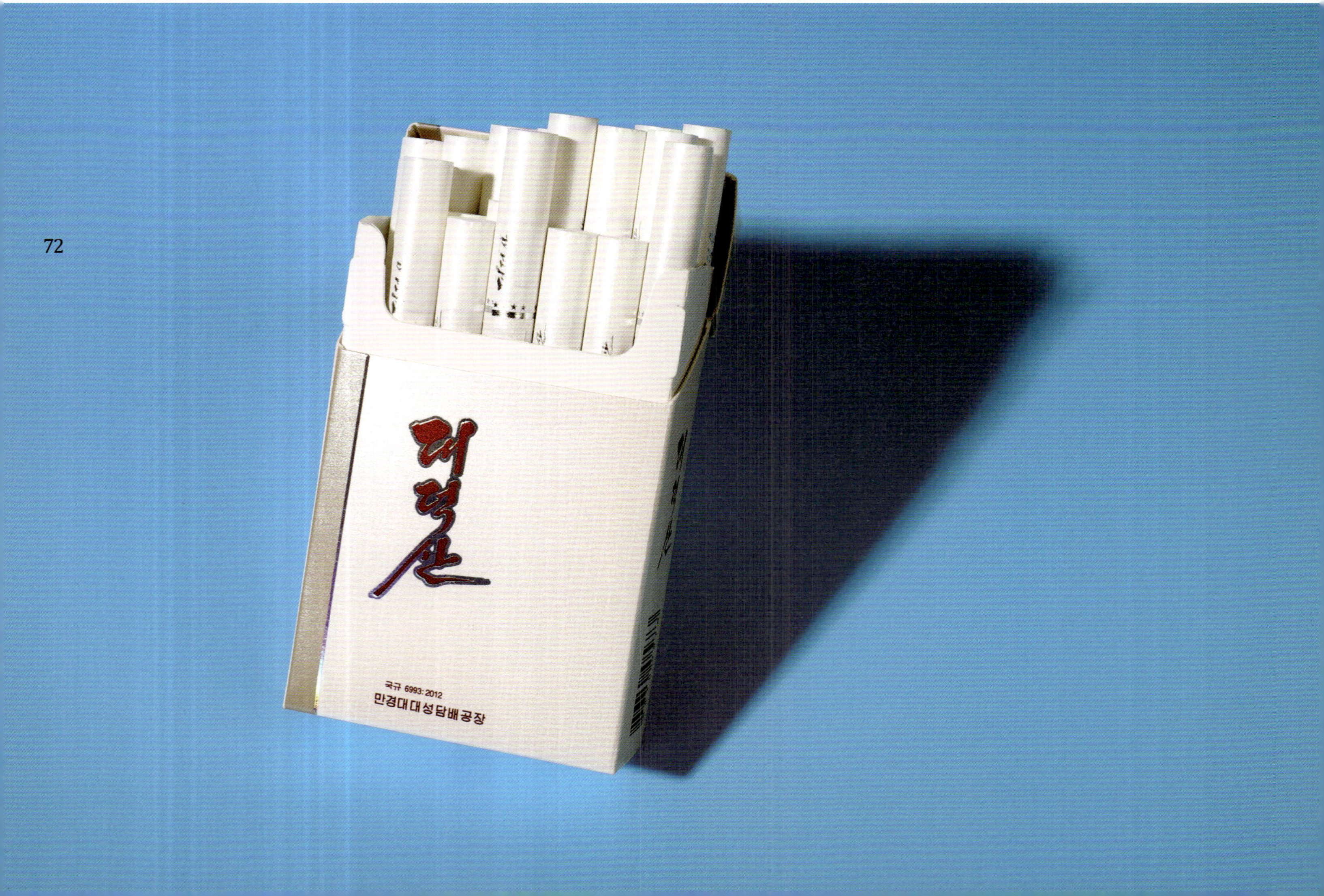

노래 <일당백의 노래>

노래: 조선인민군협주단

1절   대덕산초소 찾아오시어 수령님 안겨준 구호
        병사들 심장 불태워주며 용맹의 나래 펼치네
        일당백 기치높이 승리떨치리
        일당백 일당백 승리떨치리

2절   준엄한령제 헤쳐오시며 장군님 빛내준 구호
        무적의 선군 보검이되어 금별의 위훈을 낳네
        일당백 기치높이 승리떨치리
        일당백 일당백 승리떨치리

3절   백두의위업 받드는 길에 영원히 추켜들 구호
        장군님 결사옹위해가며 강군의 위력 빛내리
        일당백 기치높이 승리떨치리
        일당백 일당백 승리떨치리

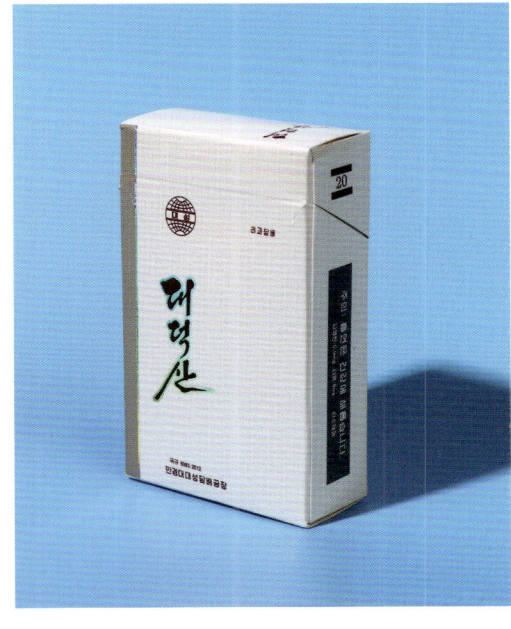

대동강

대동강이라는 브랜드로 생산되는 담배 종류만 10종에 이른다. 포장 디자인과 색깔, 가격이 모두 다르다. 타르 함양이 7mg부터 12mg까지 있으며 선물용 제품도 다양하게 생산된다. 대동강은 김일성의 생가인 만경대고향집옆을 흐르는 강으로, 필자가 평양 김정숙탁아소를 방문했을 때 교사가 아이들에게 "만경대 고향집 옆에 흐르는 강 이름은 무엇인가요?"라며 질문했을 때 아이들이 한목소리로 "대동강, 대동강이 흐릅니다"하고 답하던 모습이 떠오른다. 예술영화 <대동강에서 만난 사람들>이라는 작품은 "사회주의 제도에서 하나의 대가정을 이루며 살아가는 가족"이야기를 통한 체제선전 내용을 담고 있다.

영화 - 대동강에서 만난 사람들

서해갑문건설에 자식을 바치고 홀로 사는 유치원 원장 복금을 집에 데려다 모시는 문제로하여 려객선《대동강》호 고문선장 강선달의 자식들은 한자리에 모여 앉게 되며 가족회의에서는 복금을 새 어머니로 모시기로 의견일치보고 두 늙은이들의 동의를 얻기 위해《공작》을 벌린다. 한편 선달과 복금은 통일거리건설을 지원하는 보람찬 나날에 함께 일도 하고 교예극장관람도 하면서 서로 가까워지게 된다. 그러던 이들사이에 새로운 정황이 조성된다. 준첩선 선장인 동찬 과 혜영의 결합문제를 놓고 강선달이 가짜 큰아버지의 역을 놀다보니 결국 혜영의 이모인 조복금과의 관계는《사돈》관계로 되여버렸던것이다. 영화는 려객선 고문선장 강선달과 은정 유치원 원장 조복금, 그리고 준첩선 선장 동찬과 물스키 선수 혜영의 사랑이 하나의 대가정을 이루고 사는 우리의 사회주의제도하에서 꽃피고 열매맺게 되는 과정을 명랑한 웃음속에 보여주고있다.

출처: 홍찬수,「조선의 영화예술」(평양: 조선영화수출입사, 2018).

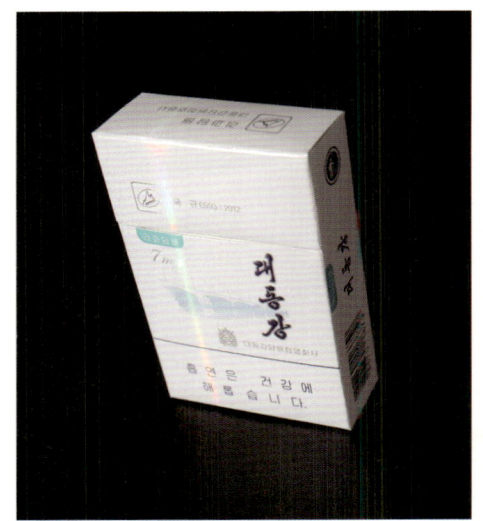
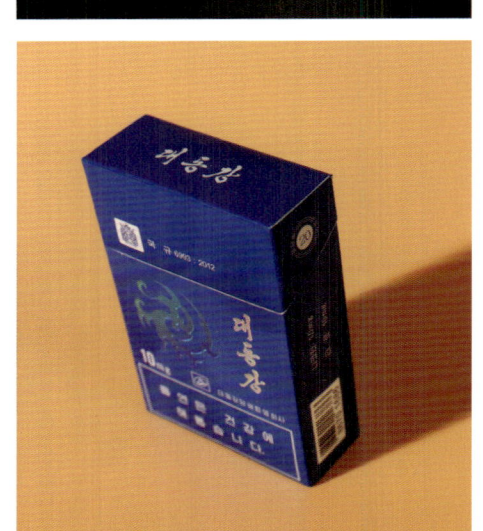

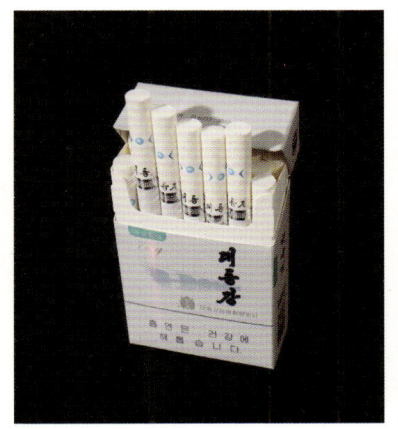

대동강

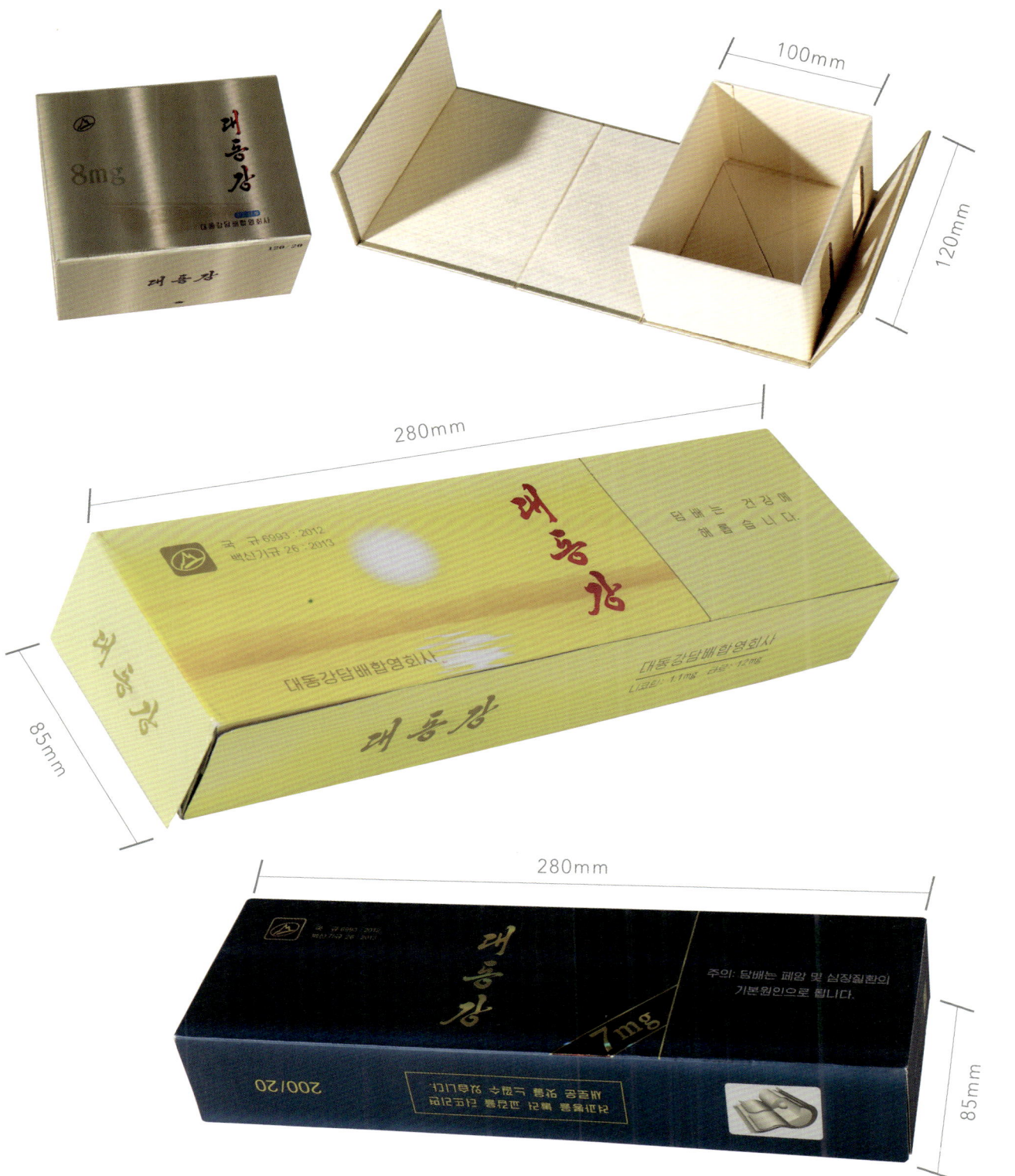

대동문

북한에서 국보 4호로 지정된 대동문은 대동강 기슭에 있는 평양성의 동문(東門)을 말한다. 대동문이라는 명칭으로는 평양 중구역 승리거리에 있는 대동문영화관과 대동문 유치원 등이 있다. 대동문영화관은 1955년 12월 준공식장에서 김일성이 직접 영화관 이름을 지어주었다고 한다. 2008년 4월 재개장했다.

조총련 기관지인 조선신보는 "평양시 중구역 승리거리에 새로 개건된 대동문 영화관이 지난 6월12일 첫 상연 때부터 평양시내 영화애호가들로 만원을 이루고 있다."고 말했다. 영화관 김영호 지배인(44살)은 "평양에 최상급의 영화예술극장이 꾸려졌다는 소식이 전해지자 지방도시들에서는 주민들의 수도견학 일정에 이 영화관에 대한 참관을 포함하는 사례가 급증하고 있다."고 전했다. 김 지배인은 "앞으로 영화 상영횟수를 보다 늘이고 국가적 명절과 중요 계기 때마다 사진전시회, 미술작품전시회 등의 행사도 할 예정"이라고 설명했다.[3]

3) "대동문 영화관 평양 명소로 변모," 「노컷뉴스」 2008년 7월 2일자.

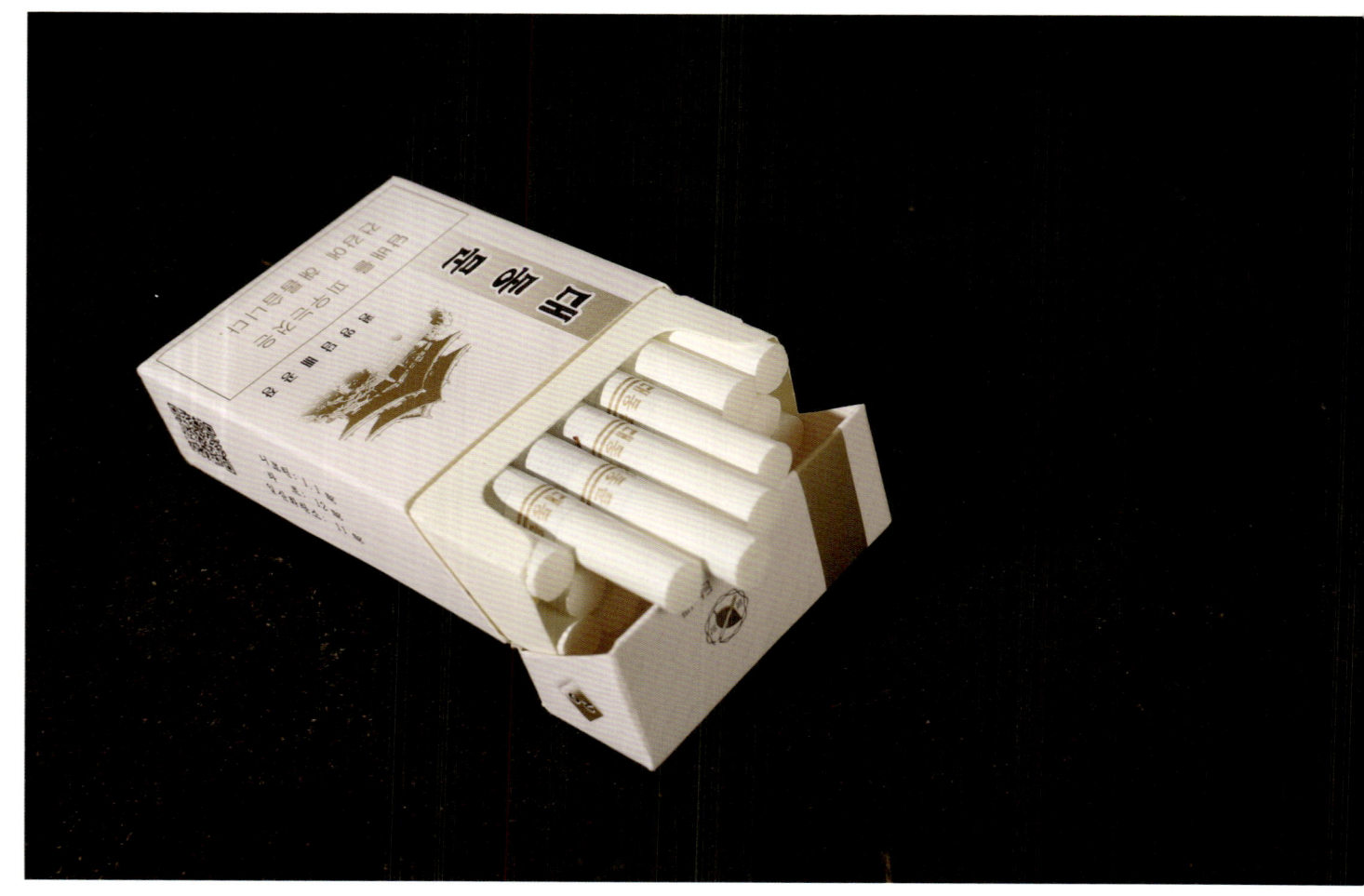

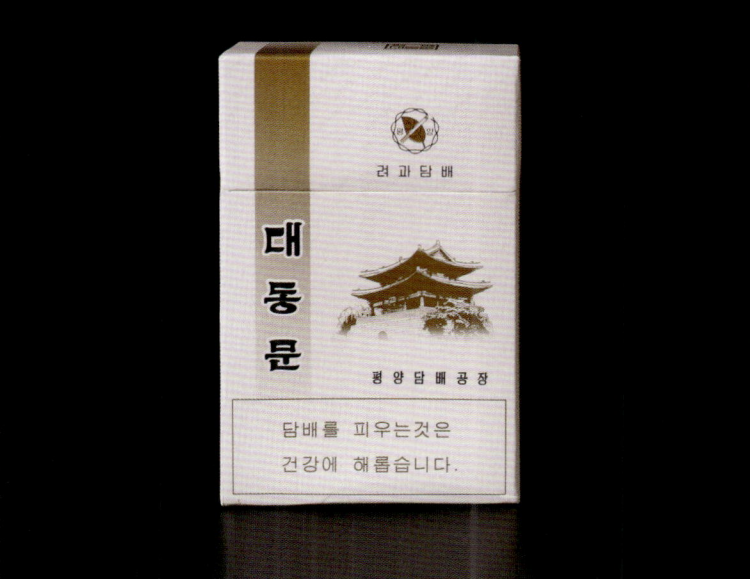

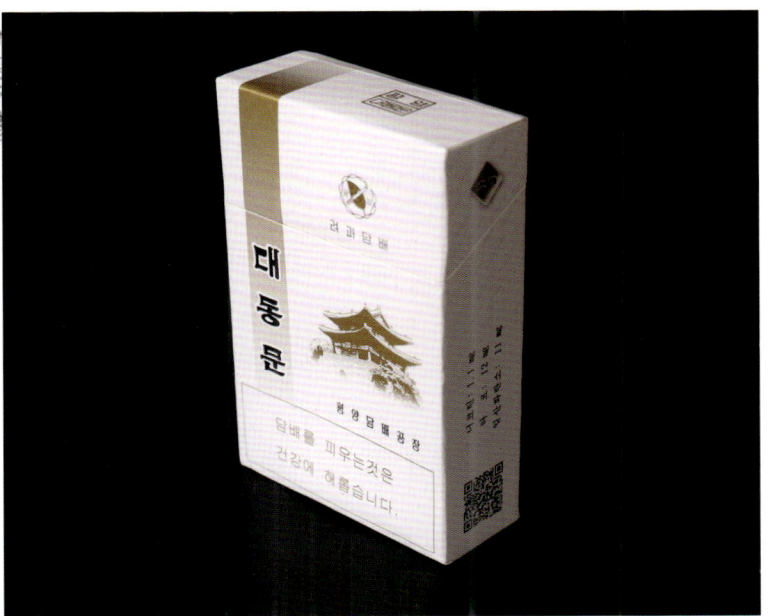

대 성

대성담배는 3종류인데 검정색 곽포장은 선내대성담배공장, 빨간색 종이포장과 파란색 곽포장은 회령대성담배공장 제품이다. 평양시 중심부 대동강 북쪽 연안에 있는 대성구역을 의미한다. 조선중앙통신은 지난 2019년 5월 8일 김정은이 개업을 앞둔 대성백화점을 현지 지도한 소식을 전하며 "태양절을 앞두고 수도의 거리에 또 하나의 멋들어진 종합봉사기지, 인민의 물질문화 생활을 질적으로 높이는 데 실질적으로 이바지하게 될 백화점이 일떠선 데 대해 커다란 만족을 표시했다."고 언급했다.

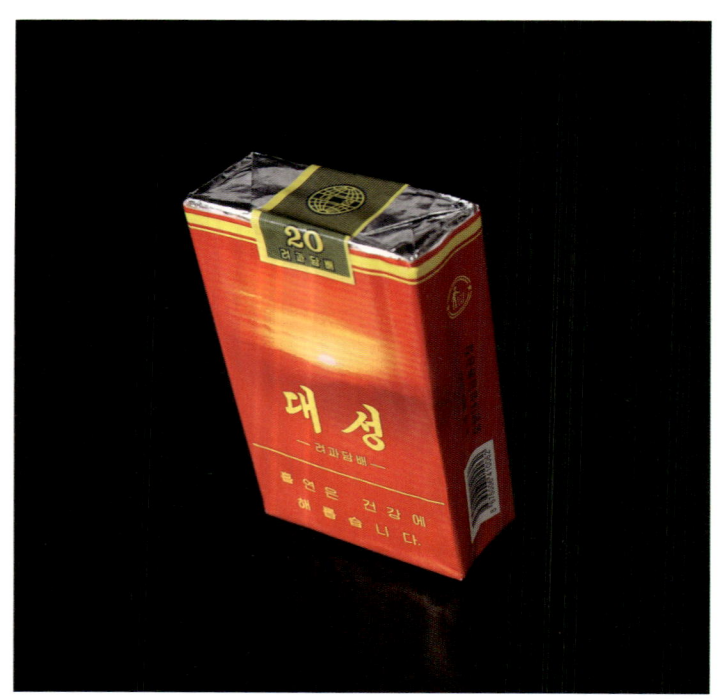

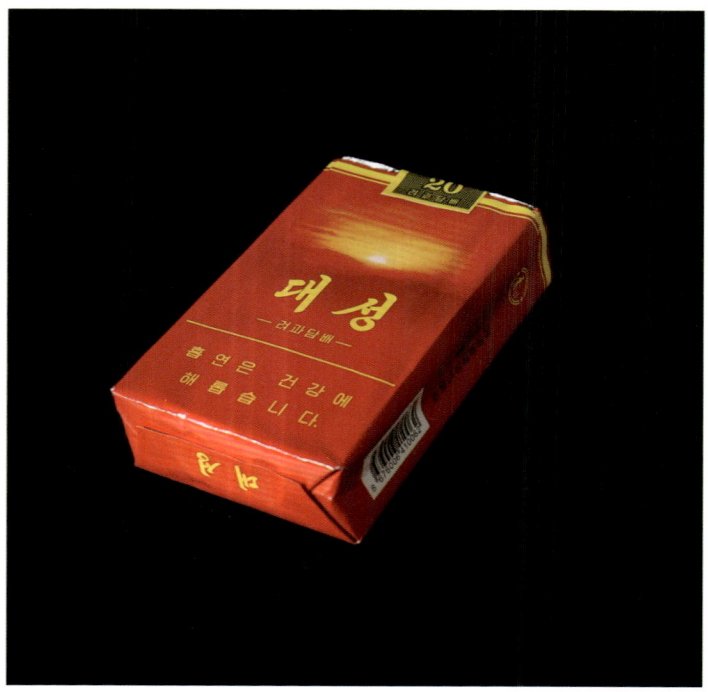

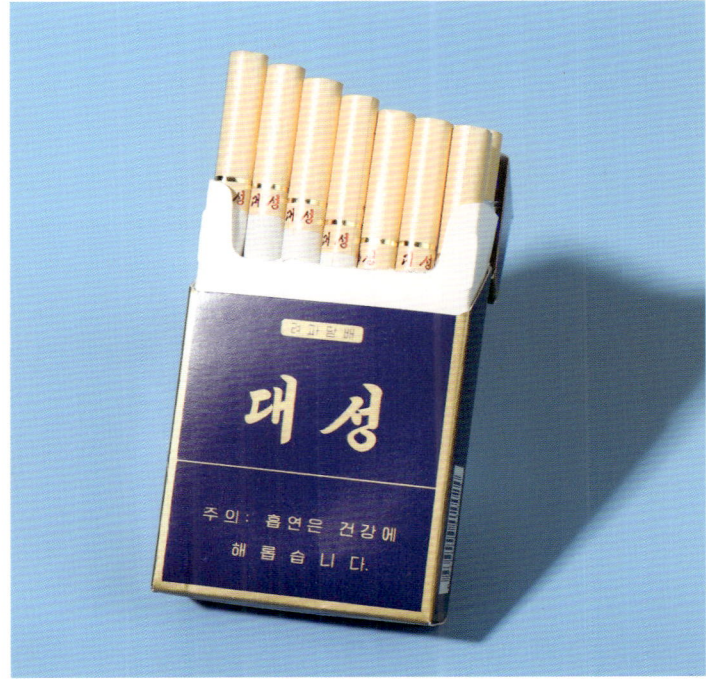

담배포장지에는 실제로 도라지꽃 모양이 그려져 있다. 도라지라는 명칭의 유래에 대해 북한은 다음과 같이 선전한다.

"언제인가 어느 한 보건기관을 현지지도하시던 어버이수령님께서는 <도라지>라는 좋은 우리말이 있는데 왜 <길경>이라고 하는지 모르겠다고 하시면서 후대들에게 우리말로 된 고려약이름을 넘겨주어야 한다고 간곡히 가르쳐주시었다.". "어버이수령님의 귀중한 가르치심은 과학기술발전과 민속전통을 주체적으로 발전시키고 민족성을 고수해나가기 위한 길을 뚜렷이 밝혀주는 고귀한 지침으로 되었다."는 것이다.[4]

영화 <도라지꽃>은 고향의 산골농장을 지키는 여성의 이야기를 다룬다.

4) 김일환·신귀철·리선녀, 『숭고한 뜻과 사랑을 담아』 (평양: 금성청년출판사, 2017).

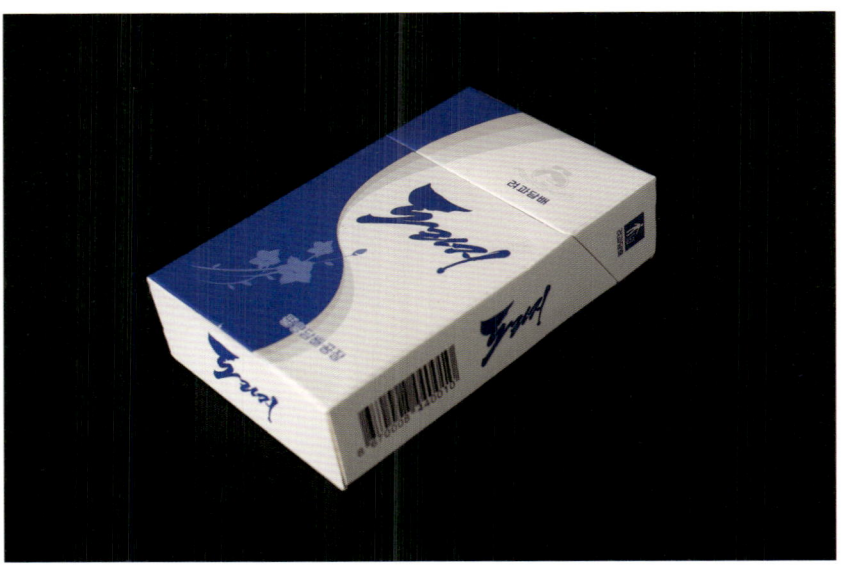

영화 - 도라지꽃

어느 한 산골 농장에서 일하는 처녀작업반장 송림은 애인인 원봉과 함께 고향땅을 보란 듯이 꾸려 행복하게 살기를 바란다. 그러나 원봉은 송림이와 자기고향을 버리고 떠나간다. 자신의 행복한 생활만을 꿈꾸며 원봉은 떠나갔지만 송림은 자기의 땀과 노력으로 고향마을을 살기 좋은 락원으로 꾸려가는데 자신의 모든 정력을 쏟아붓는다. 그러던 어느 날 송림은 생각지 않았던 산사태로부터 수십마리의 양들을 구원하고 아름다운 청춘을 바친다. 수십년세월이 흘러 원봉은 죄책감을 안고 아들과 함께 고향을 찾는다.

동방 담배는 3종류인데 2종류는 동방합영담배공장으로 표기하고, 나머지 1종류는 조선 동방합영회사 제품인데 다른 담배와 달리 포장지에 PREMIUM 이라는 문구가 특징이다. 담배명 'Dongbang'을 영문 필기체로 디자인했다.

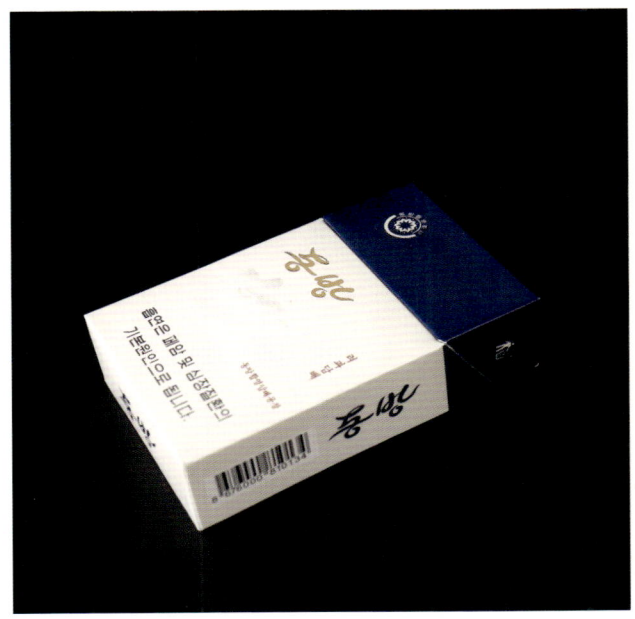

동해

북한 조선중앙방송의 <련속기행 동해의 명승을 찾아서>라는 프로그램을 보면, "지난 2015년 6월부터 9월까지 조선 동해의 명승지를 찾아서 기행길에 올랐다. 강원도 송도원과 청석정, 함경북도의 칠보산 그리고 거기의 유명한 특산들을 촬영기에 담으면서 우리는 내 조국은 그 어디에도 비길 데 없는 아름다운 나라, 온 세상에 자랑하고 싶은 금수강산이라는 것을 더 잘 알게 되었다."고 말한다.

4회 연속기행으로 방영된 이 프로그램은 강원도 원산의 동해식당, 통천의 총석정, 송도원유원지, 명천 칠보산 등을 소개한다.

동해 담배 역시 홀로그램 디자인이 특징이다.

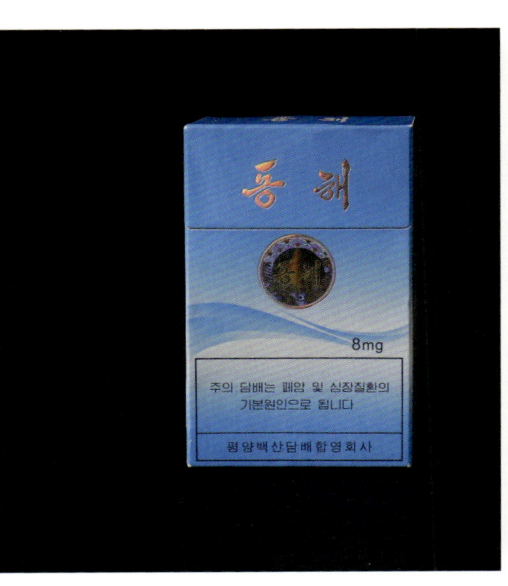
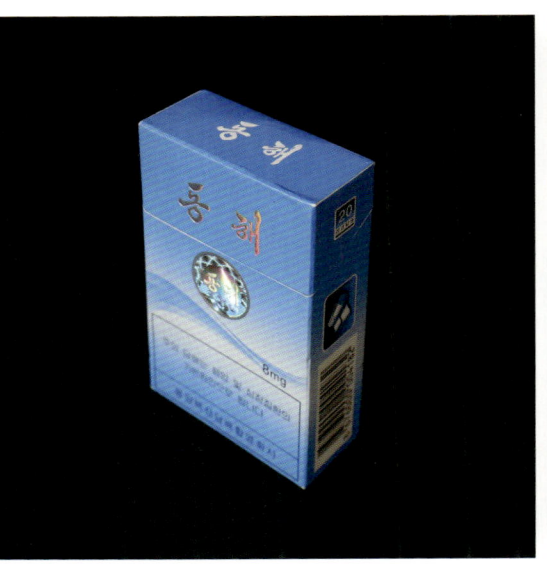
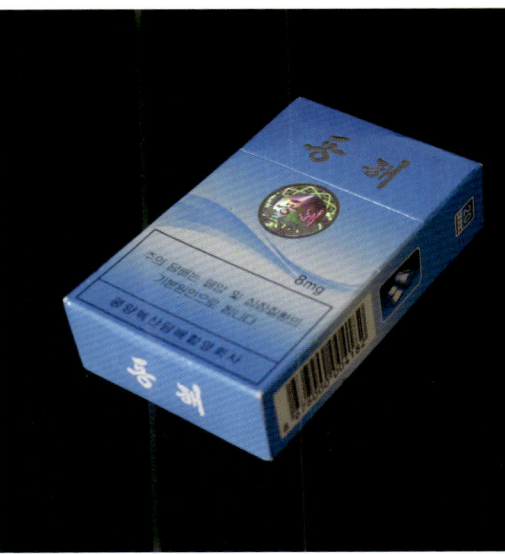

라진

4종류의 디자인 중에 2종류에는 갈매기와 등대가 그려져 있다. 담뱃갑에 등대와 갈매기를 넣은 것은 아마도 비파해수욕장과 비파도 때문인 것으로 볼 수 있다. 비파해수욕장은 라진에서 동쪽으로 13킬로미터, 선봉에서 동남쪽으로 6킬로미터 떨어진 비파도를 앞에 두고 있다. 그 생김새가 악기 비파모양과 같다해서 붙여진 이름이라고 한다. 북한은 중국의 경제특구를 모델로 1993년 함경북도 라진, 선봉지역에 자유경제무역지대를 설치하고, 1월 3일 자유경제무역지대법을 채택하였다. 이후 라진, 선봉지역은 '라선시'로 행정구역이 변경되었다. 담배를 제조하는 공장은 <라선신흥담배회사>로 행정구역 라선을 의미한다.

려명

<광명>담배와 함께 북한에서 주로 간부들이 피우는 담배로 알려져 있다. 려명 역시 옆면을 밀어서 개봉하는 슬라이딩 방식과 위를 개봉하는 일반 제품으로 구분된다.

담배 이름 <려명>은 김정은 시대를 대변하는 키워드라 해도 과언이 아니다. 평양 려명거리는 평양의 맨해튼(평해튼)으로 불려질 만큼 화려한 도시 외관으로 김정은의 성과를 자랑하는 대표적인 선전지 중 하나다. 2017년 4월 13일 김정은이 참석한 가운데 려명거리 준공식이 열렸다. 김정은은 려명거리 공사장을 두 차례나 찾았으며, "려명거리는 미제와 적대세력의 방해책동을 물리치고 강대한 나라를 건설하려는 당의 구상이 반영된 거리"라 했다. 한편, 1987년 작품인 예술영화 <려명>에는 "그 누가 시켜서 혁명을 하랴", "지원의 뜻을 품고"라는 곡이 삽입되어 있다. 려명담배는 모두 3종류다. 최근 출시된 것으로 알려진 두 보루가 담긴 선물셋트형 제품에는 <룡봉담배회사>로, 나머지 2종류는 <평양룡봉담배공장>으로 표기된다.

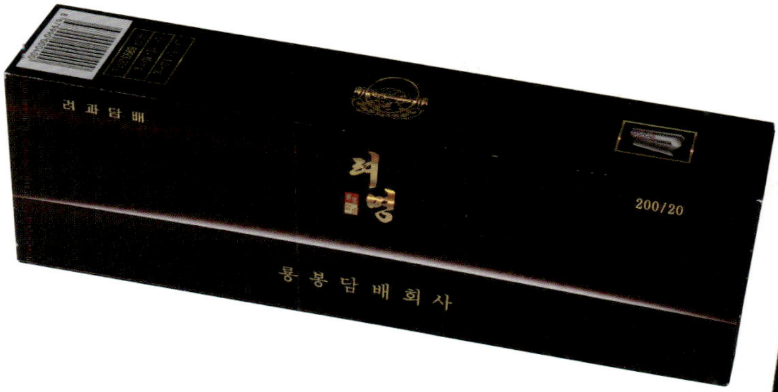
려과담배
려명
200/20
룡봉담배회사

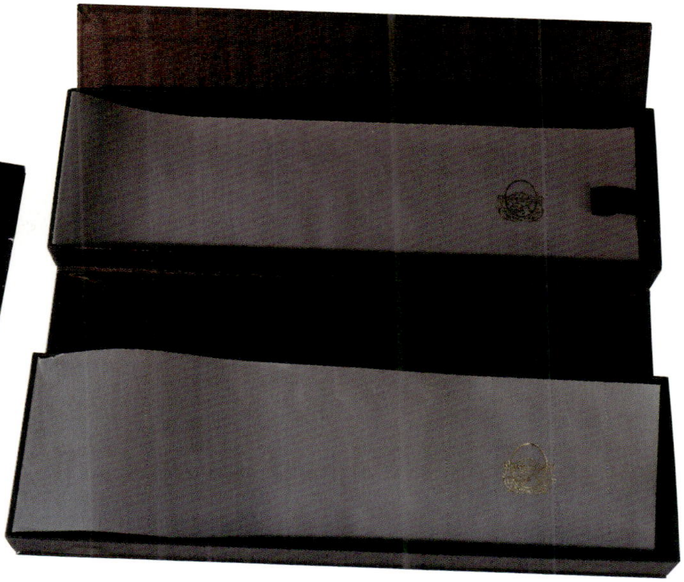

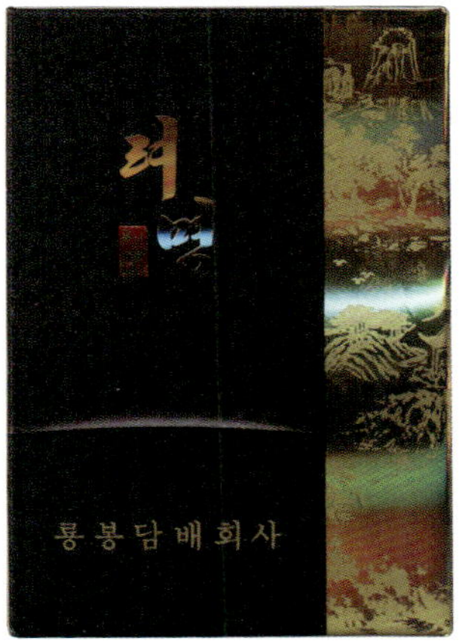
려명
룡봉담배회사

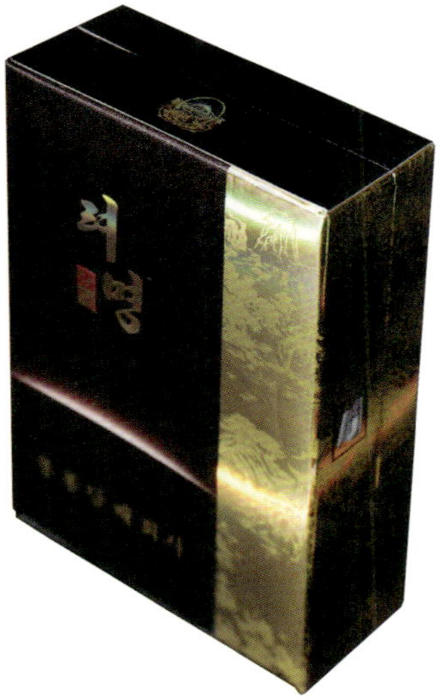
려명

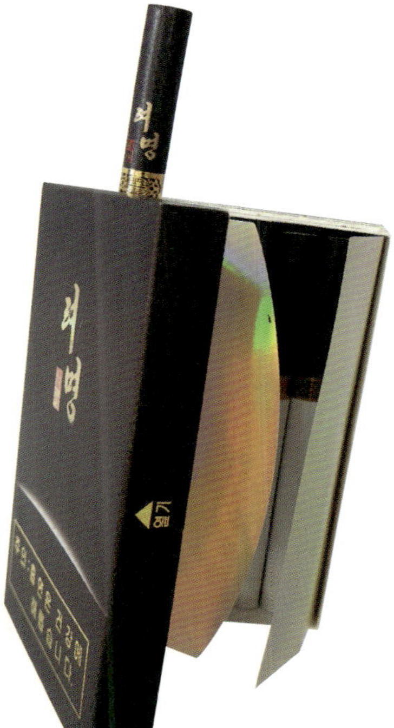
려명

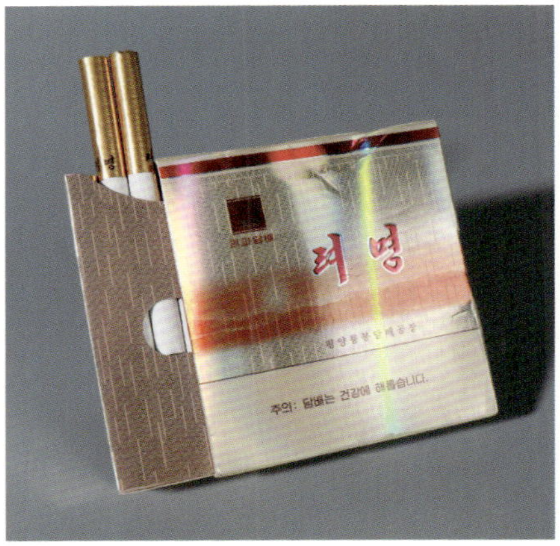
려명
주의: 담배는 건강에 해롭습니다.

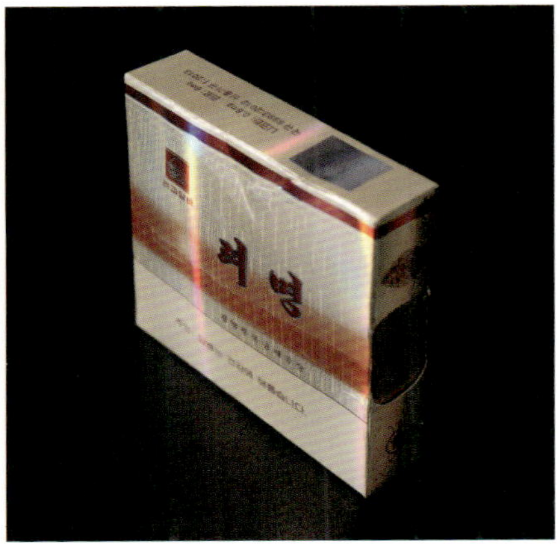
려명

룡 봉

룡봉담배는 3종류인데 노란색 곽포장은 평양룡봉담배공장으로, 나머지 2종류는 룡봉담배회사로 표기된다. 필자가 중국에서 입수한 광고포스터를 보면 평양룡봉담배공장에서는 려명, 광명, 룡악산, 룡봉 등 주로 고급담배를 생산한다. 광명과 려명은 옆면을 밀어서 개봉하는 슬라이딩 방식인데 룡봉 담배는 밑면을 열면 윗부분이 뚜껑처럼 개봉되는 방식이다. 북한 담배 종류 중 가장 특이한 형태의 포장이다.

97

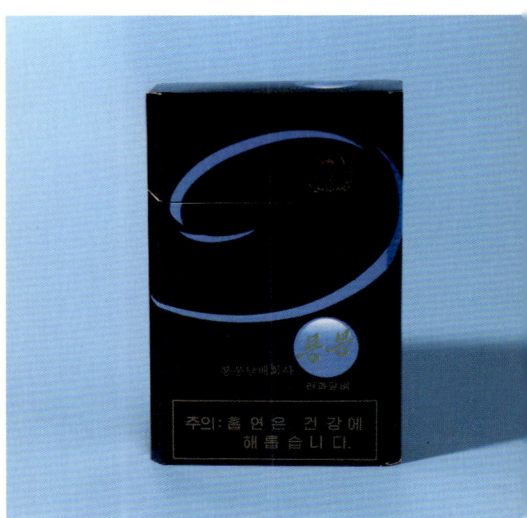
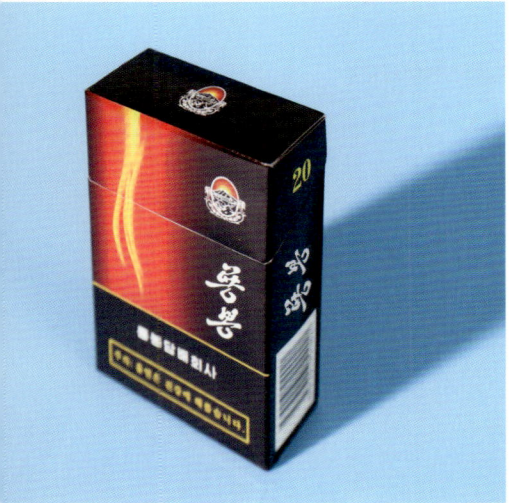

평양 인근에 위치한 산으로 바위봉우리가 돛과 같다 해서 룡악산이라고 한다. '평양의 금강산'으로 알려져 있으며, 만경대소년단야영소가 있는 곳으로 유명하다. 북한에서 룡악산이라는 명칭은 '룡악산유원지', '룡악산샘물공장', '룡악산비누공장' 등을 들 수 있다. 2016년 6월 4일 조선중앙통신에 따르면 김정은은 룡악산비누공장을 현지지도했으며 공장의 이름도 지어주었다고 한다.

<이름을 지어주시다>라는 제목의 시의 내용은 바로 김정은이 직접 작명을 해 준 곳들이 언급되는데 거기에 '룡악산비누공장'도 언급된다.

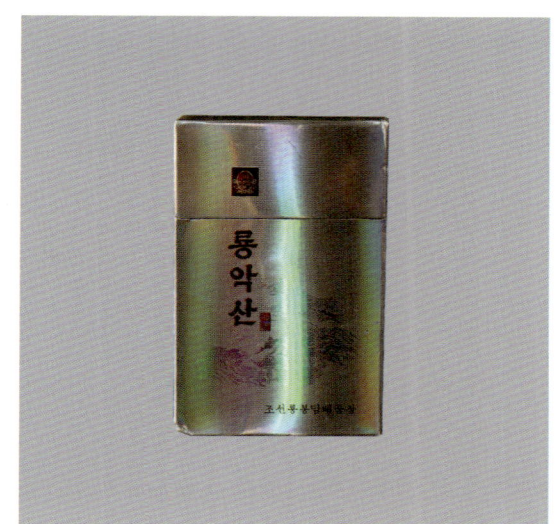

이름을 지어주시다

전성철

부모가 자식의 이름을 짓듯
우리 원수님 이름을 지어주신다
장군님 뿌려주신 씨앗에
정과 열을 다 쏟아부어
꽃피워 열매익혀
하나하나 자식들에게 안겨주시며

백두산영웅청년발전소
백두영웅청년호
민들레학습장공장
류경김치공장
룡악산비누공장...

부모가 자식이 태여나기 전부터
아이이름 지어놓듯
그이는 지으셨으리 설계형성안 보시며
지새이시던 그밤에 벌써
지으시여 부르고 또 불러보셨으리
부르면서 인민의 기쁨 안아보셨으리

아, 원수님 지어주신 이름이여
그것은 정과 사랑 축복과 당부를 담아
우리 원수님 천만자식들에게 안겨주심
만복의 열매
그 열매 받아안은 자식들
가슴 가슴에 보답과 충정의 열매 주렁지여라

출처: 리일섭 편집, 「<시집> 선군조선의 태양을 우러러(5) 만리마시대」
(문학예술출판사, 2017)

룡악산샘물

송시찬

붕붕- 기차타고
야영가는 우리따라
찰랑찰랑 병에 담긴
룡악산샘물 봐요

승부를 다투며
축구경기 신날 때도
땀씻으며 마시는
룡악산 장수샘물

공부하는 깊은 밤
졸음을 쫓아내며
반동무들 마시는
룡악산 수정샘물

우리 사는 도시에서
룡악산은 멀어도
고향의 샘물인가
통억선의 맑은 샘술

도란도란 흘어오는
물소리는 없어도
누구나 다 듣는대요
사랑의 노래를

샘물공장 크게 세워
온 나라에 보내주신
원수님의 그 은정
가슴들을 적셔줘요

출처: 리일섭 편집, 「<시집> 선군조선의 태양을 우러러(5) 만리마시대」
(문학예술출판사, 2017)

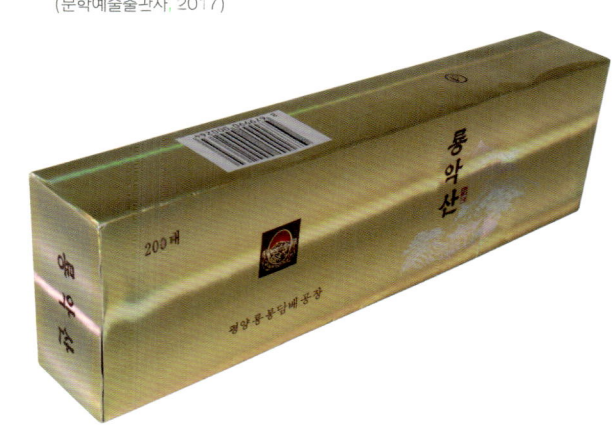

마식령

원산시와 법동군 사이에 있는 고개로 원산 일대의 주요 교통로다. 지난 2013년 12월 원산관광특구의 하나로 마식령스키장이 건설되었다. 마식령스키장은 <마식령속도>라는 말과 함께 김정은의 성과를 선전하는 대표적인 장소다. 담뱃갑에도 스키를 타는 모습이 그려져 있다.

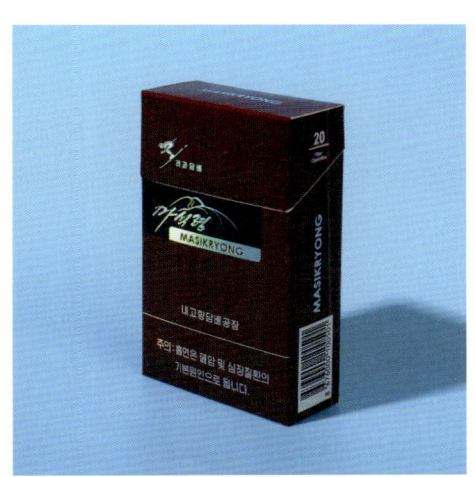

마식령의 새 전설

송시찬

사르릉 사르릉…
마식령에 삭도가 날아오를 때
사람들의 얼굴엔
아름다운 웃음꽃 봄꽃처럼 피여나네

이런 때면
나는 뜨거운 생각에 잠기네
여기 삭도마다 차넘쳐 흐르는
우리 원수님 사랑의 전설을 두고

마식령의 눈보라를 맞으시며
먼길 오신 자애로운 원수님
그날 삭도를 바라보시며 말씀하시였네
-나도 한번 삭도를 타봅시다

아직은 준공식도 하지 못한 삭도
위험하다고
일군들은 절절히 아뢰였건만
경애하는 원수님 다시 말씀하시였네
-우리 인민들이 타야 할 삭도인데
내가 먼저 타보아야 합니다

출처: 리일섭 편집, 「<시집> 선군조선의 태양을 우러러(5) 만리마시대」
(문학예술출판사, 2017)

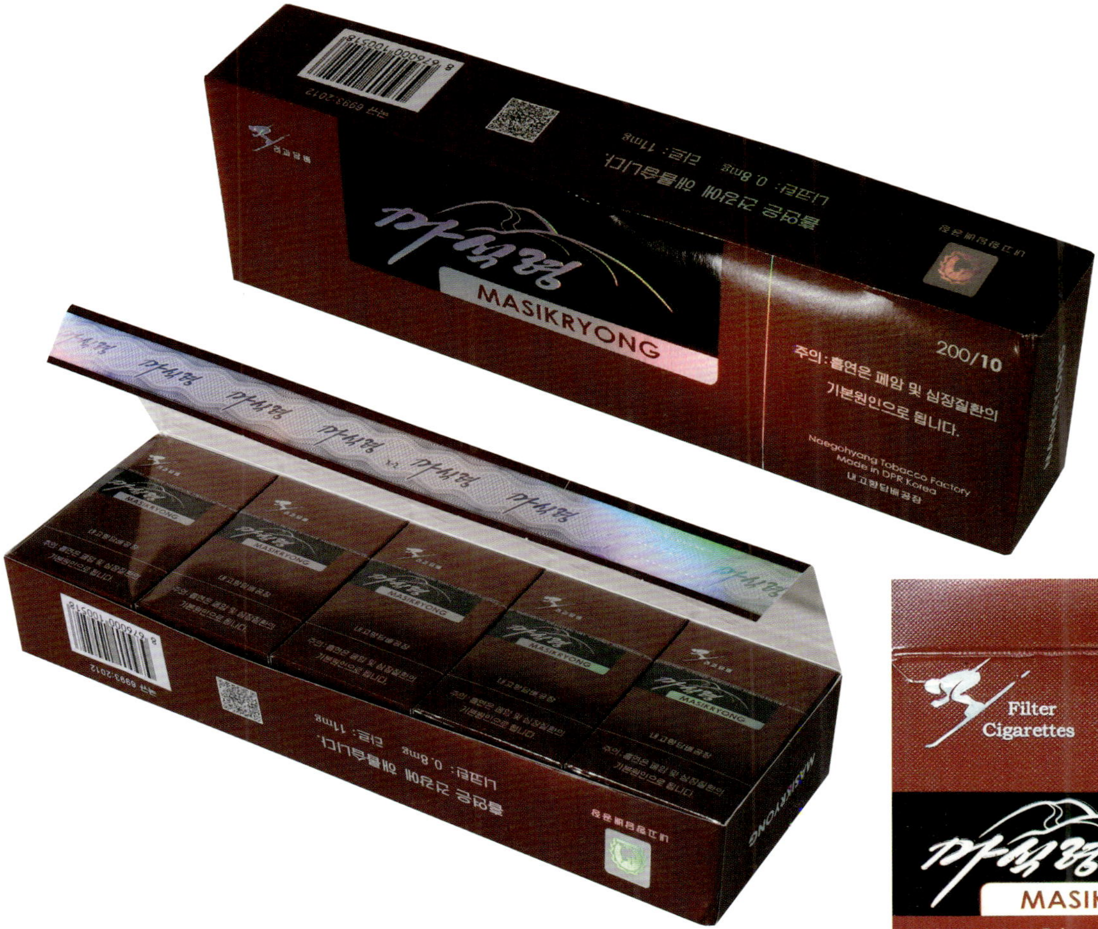
MASIKRYONG
200/10
주의: 흡연은 폐암 및 심장질환의 기본원인으로 됩니다.
Naegohyang Tobacco Factory
Made in DPR Korea
내고향담배공장

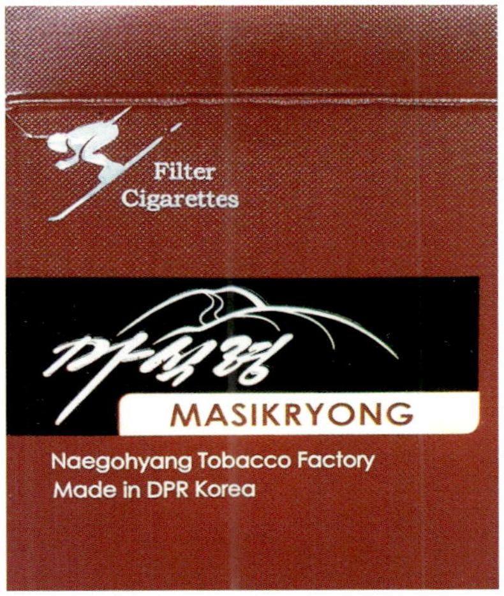
Filter Cigarettes
마식령
MASIKRYONG
Naegohyang Tobacco Factory
Made in DPR Korea

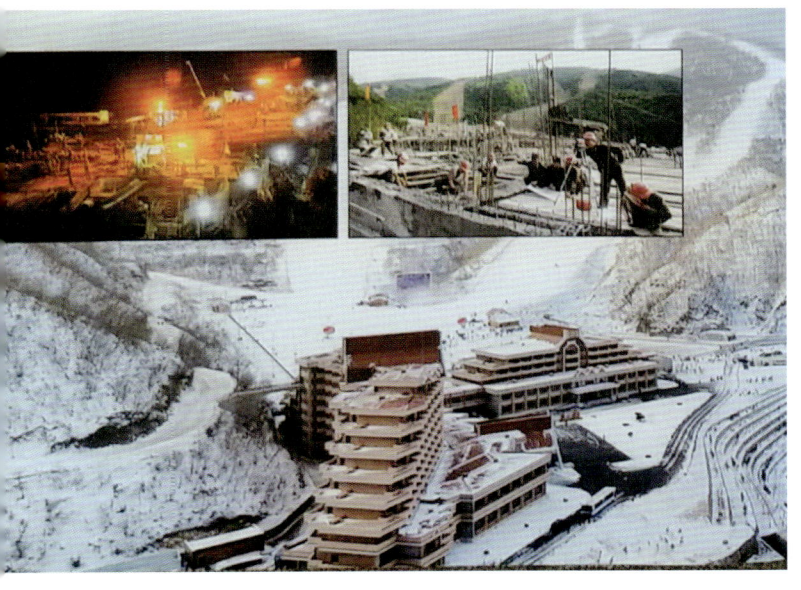

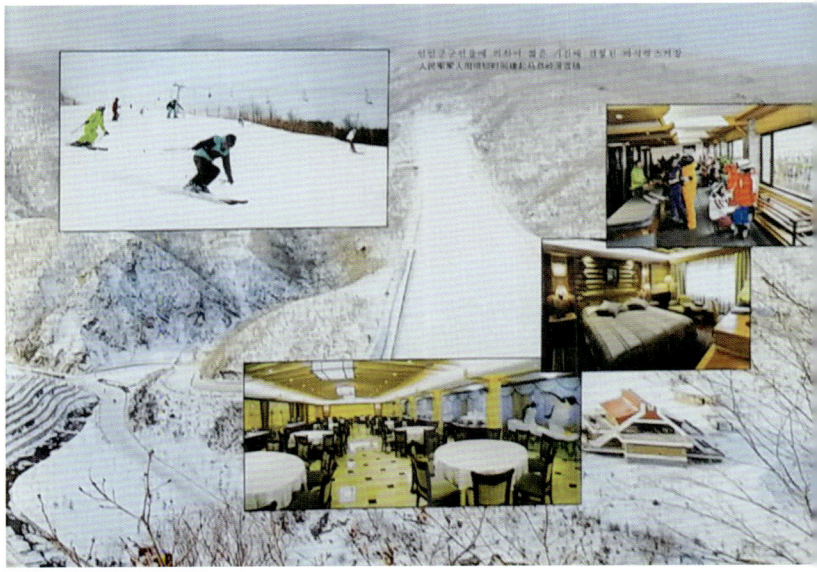

<매양무역회사>라는 곳에서 생산한 담배로 <매양>이라 쓴 디자인이 매우 특이하다. 국어사전에는 매양이 "늘, 한결같이"라는 의미인데 포장 디자인은 마치 매를 연상시키는 한 마리의 '새'가 날아가는 모양이다. 매양은 과연 어떤 의미일까?
3종류로 슬림형, 곽포장, 종이포장 등이다.

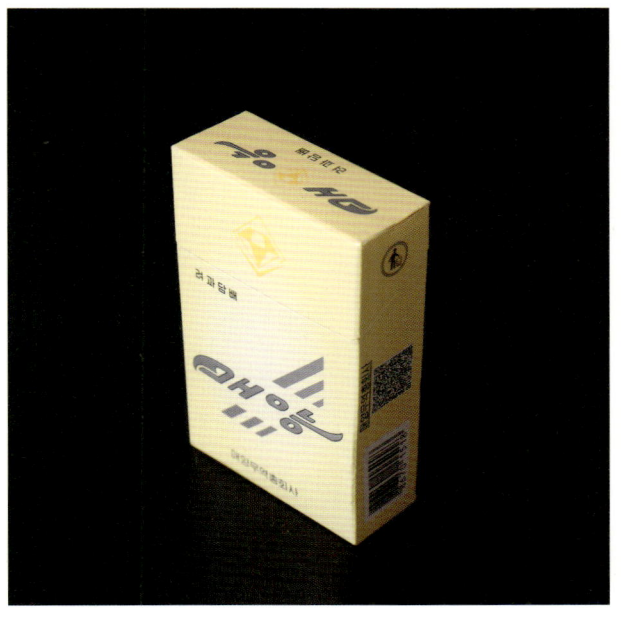

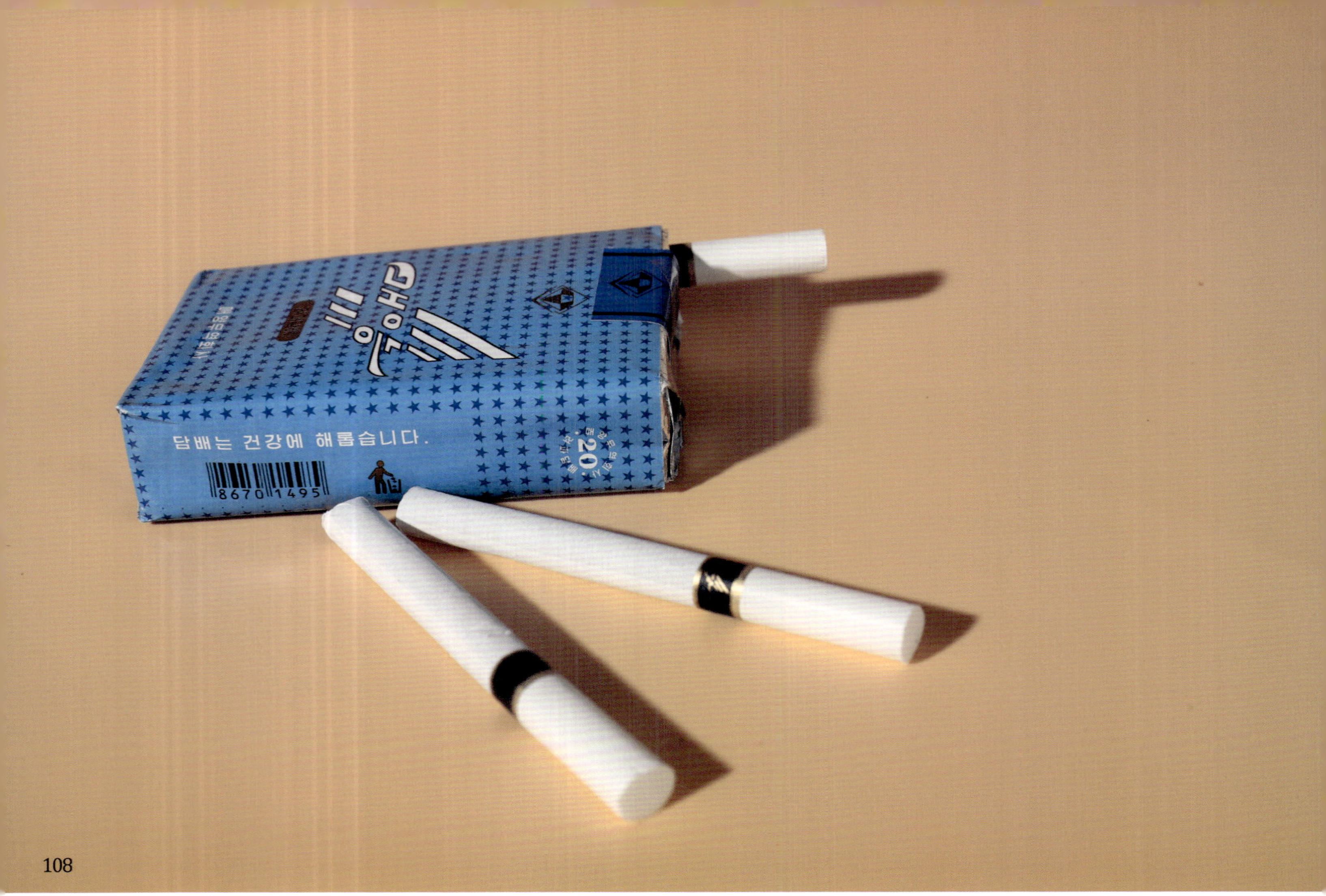
담배는 건강에 해롭습니다.
8670 1495

려과담배

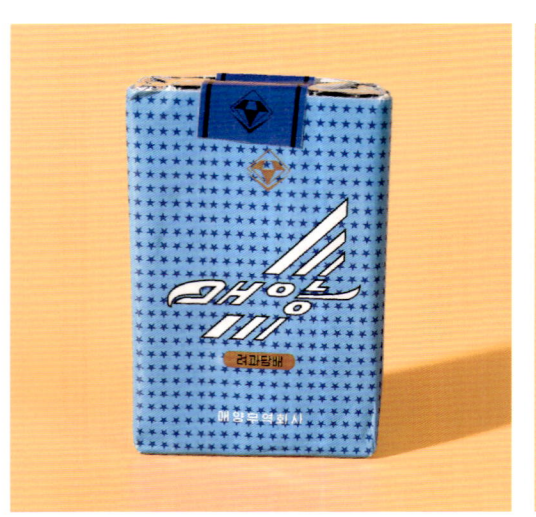

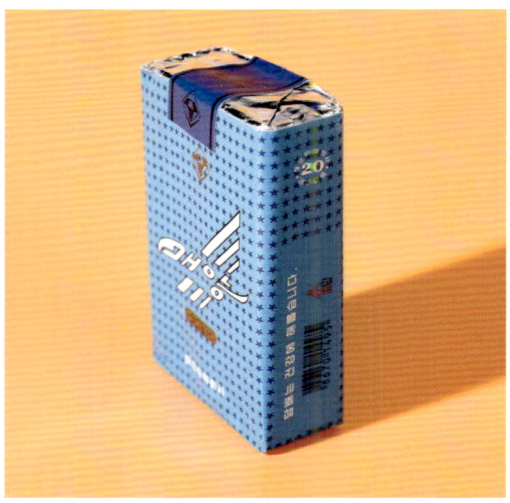

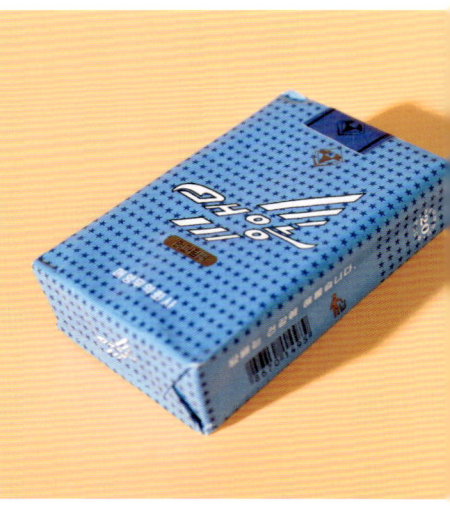

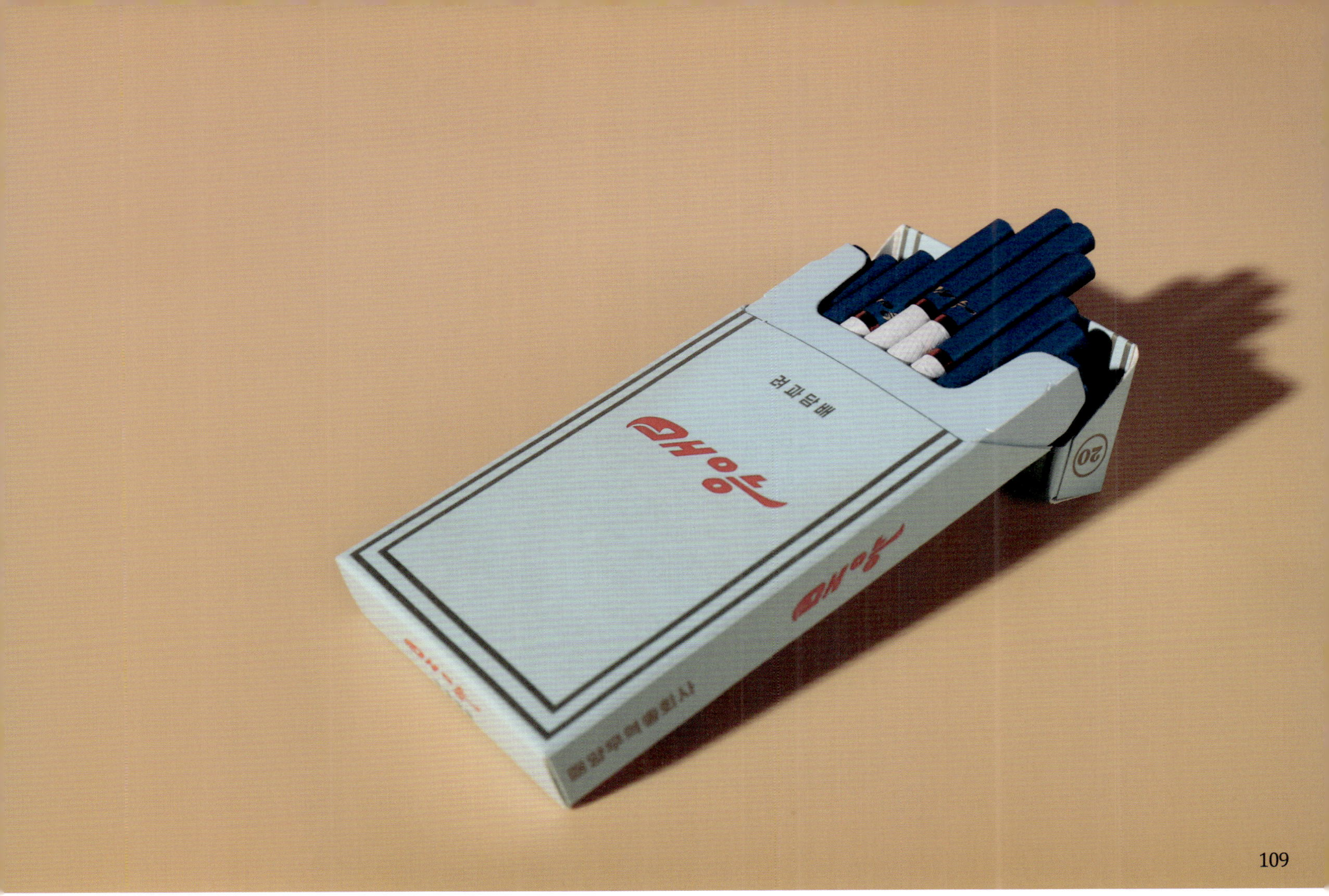

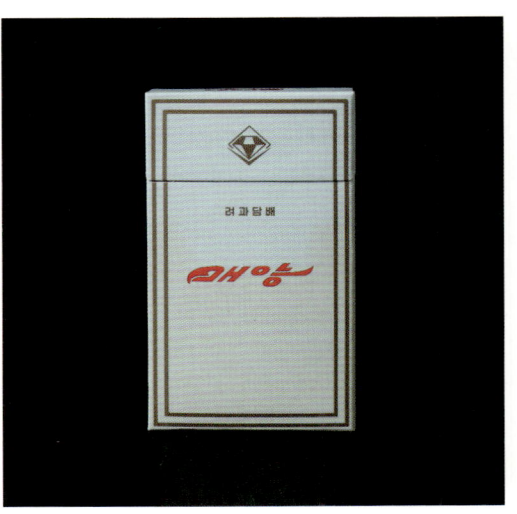
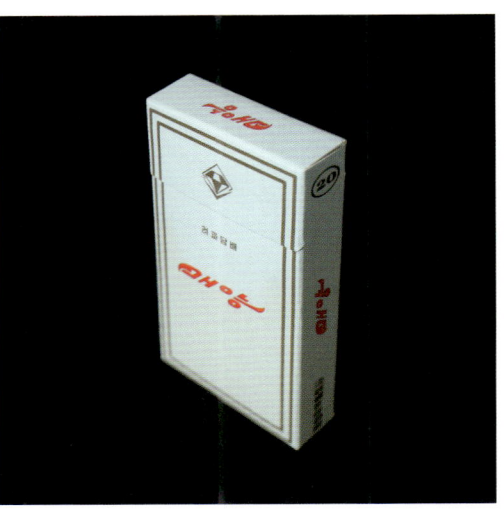

명신 담배는 모두 4종류인데 로즈골드 곽포장만 선내대성담배공장으로 표기된다. 나머지 3종은 만경대대성담배공장에서 생산한 제품이다. 명신이라는 명칭은 '경신일반무역회사'라는 곳에서 사용하는데, 지난 2016년 베트남엑스포 당시 참여한 북한 업체의 이름이다.

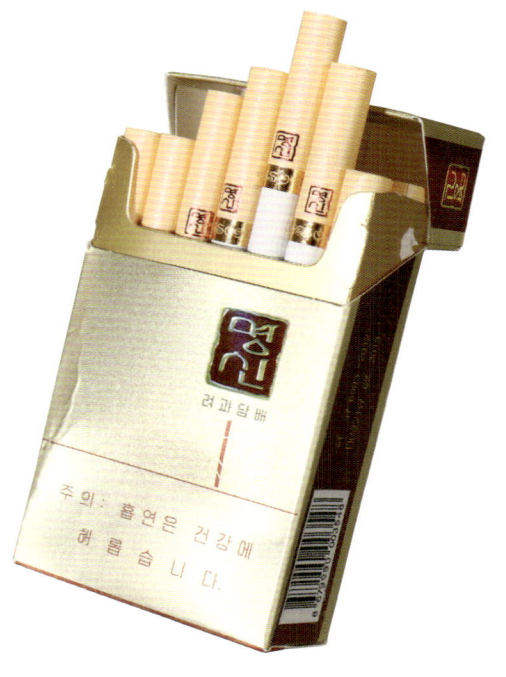

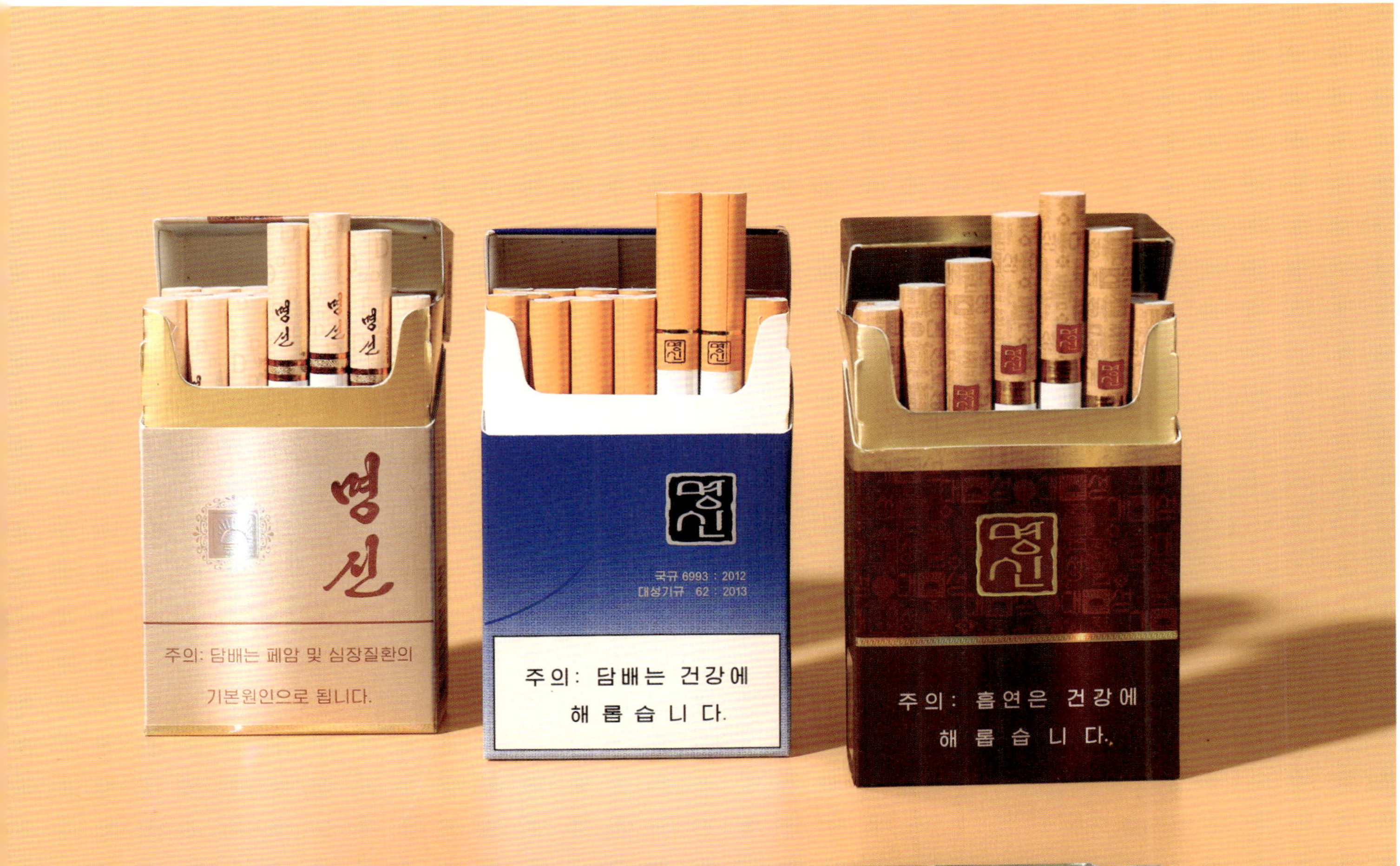
명신
주의: 담배는 폐암 및 심장질환의
기본원인으로 됩니다.
명신
국규 6993 : 2012
대성기규 62 : 2013
주의: 담배는 건강에
해롭습니다.
명신
주의: 흡연은 건강에
해롭습니다.

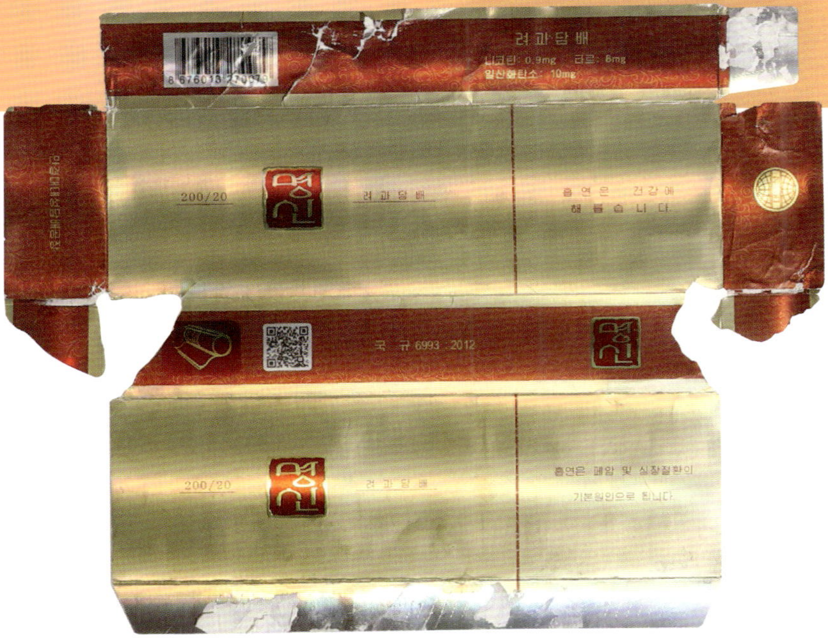
려과담배
200/20
명신
국규 6993 2012
흡연은 폐암 및 심장질환의
기본원인으로 됩니다.

묘향

<고향>담배와 함께 최근 북한에서 뇌물로 많이 사용되는 담배다. 묘향은 묘향산을 의미하는데 평안북도 영변군에 위치한 산이다. 특히 이곳에는 김일성과 김정일이 해외 각국으로부터 받았다는 선물을 전시한 국제친선전람관이 자리하고 있다. <우리는 묘향산에서 다시 만났다>는 영화에서 묘향산은 문화휴양지로서 그려진다.

영화는 묘향산을 찾은 력사 학자 조학수일가와 주인공 성준을 비롯한 묘향산사람들과의 생활을 통하여 조국산천에 깃든 위대한 수령 김일성동지와 위대한 령도자 김정일장군님의 한없는 온정과 인민의 문화휴양지로 전변된 묘향산의 아름다운 모습, 그리고 우리 시대 청년들의 조국애와 고상한 정신도덕적풍모를 보여주고있다.

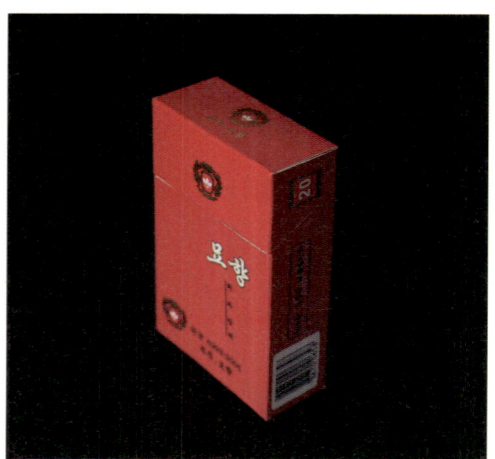

묘향산이 빛나는 것은

절묘한 산세 그윽한 향기...
유정한 물소리 온갖 새소리...
하여 너의 이름 묘향산이더라
하여 너의 경치 천하제일이더라

보는것마다 절승이요
들리는것마다 절찬인데
하늘길 땅길 배길 끝에 잇닿은 곳에
높이 솟은 국제친선전람관의 푸른 지붕

품어줄 듯 그 지붕아래에 들어서니
인류의 지성과 정성 여기에 다 있고
어제와 오늘 래일이 다 있어
온 세계를 다 안아보는 듯

걸음걸음 느끼는 생각이여
우리 수령님 제일이시다
우리 장군님 제일이시다
우리 조국이 제일이구나
아, 향산아 묘향산천아
너 세상천하명산으로 이름떨친 것은
절세위인들의 빛나는 한생이
너를 품어 안아주셨기때문아니냐

출처 : <가을향기> 문화예수출판사, 주체108(2019).

천하절승 묘향산에는 한평생 인민을 위해 모든것을 다 바쳐오신 위대한 수령 김일성동지와 위대한 령도자 김정일동지의 은정 깊은 사랑의 손길과 발자취가 어려있다. 위대한 수령 김일성동지께서는 해방 후 새 조국건설의 그 바쁘신 나날인 주체36(1947)년 5월 묘향산을 찾아주신 그때로부터 향산땅을 수십차례나 찾으시여 묘향산을 인민의 문화휴식터로, 세계적인 관광등산지로, 향산을 관광도시로 꾸릴 휘황한 전망을 펼쳐주시고 현명하게 이끌어주시였다. 위대한 수령 김일성동지의 숭고한 뜻을 빛나게 이으신 위대한 령도자 김정일동지께서는 묘향산을 세계의 명산으로 꾸리도록 현명하게 이끌어주시였다.

위대한 령도자 김정일동지께서는 위대한 수령님의 구상대로 이곳의 아름다운 산과 물, 경치들이 인민들의 건강과 휴식을 위하여 이바지하게 된다면 얼마나 좋겠는가고 하시면서 몸소 상원동, 만폭동, 비로봉지구를 돌아보시면서 묘향산을 인민의 유원지로 꾸리기 위한 방향과 방도를 전면적으로 밝혀주시였다. 위대한 령도자 김정일동지께서는 강력한 건설력량과 비행기까지 보내주시여 묘향산을 꾸리는 사업을 적극 추진해나가도록 하여주시였으며 몸소 등산로정을 정해주시고 답사전용렬차와 버스까지 마련해주시여 온 나라 인민들과 청소년학생들이 묘향산을 마음껏 답사할수 있게 하여주시였다.

위대한 령도자 김정일동지께서는 주체98(2009)년 10월 묘향산을 찾으시여 여러 시간에 걸쳐 하비로입구로부터 만폭동에 이르는 긴 구간의 참관로정을 답사하시면서 묘향산을 인민의 명승지로 꾸리기 위한 사업을 구체적으로 료해하시였다. 위대한 령도자 김정일동지께서는 아름다운 자연미에 조화를 이룬 답사길과 정각들, 특색있게 건설된 립체다리와 휴식터들을 보시고 하늘중천을 날아예는 듯 한 경쾌한 립체다리를 비롯한 모든 건축물들의 설계가 독특하게 잘되였을뿐아니라 건설의 질도 최상의 수준에서 보장되였다고 하시면서 인민의 귀중한 향유물인 묘향산을 더 잘 꾸려 후대들에게 물려주어야 한다고 하시였다. 경애하는 최고령도자 김정은동지께서는 주체102(2013)년 5월에 이곳에 있는 묘향산 등산소년단야영소를 찾으시여 우리 아이들에게 더 훌륭한 야영소를 건설해주자고 말씀하시면서 야영의 나날을 보내고있는 아이들과 사랑의 기념사진을 찍으시였다. 묘향산은 오늘 우리 인민들과 세계의 수많은 사람들이 찾아와 몸과 마음을 단련하는 이름난 명승지로, 훌륭한 문화휴식터로, 관광등산지로 꾸려지게 되었으며 세계에 없는 희한한 등산길을 하늘높이 떠올려 더욱 신비스러운 빛을 뿌리게 되었다.

출처 : <조선의 명산 묘향산이야기>, 평양 : 과학백과사전출판사, 2019

미 래

미래라는 표현은 사회주의 혁명을 통해 맞이 할 새로운 시대를 의미한다. 김정은 집권 이후 모란봉악단이 연주하는 <달려가자 미래로>라는 곡은 '미래'에 대한 낙관적 기대를 고양하는 의미를 담고 있다. 삼지연관현악단의 한국 공연 시 가수들이 핫팬츠를 입고 춤을 춘 노래로 유명하다.

그이는 미래를 주시였다

리진웅

온 세상이 밝고 환하도록
눈부신 태양의 미소 가득 으시며
아, 우리의 김정은 동지
아이들에게 다가오신다

붉은넥타이 가슴에 날리는
조선소년단창립 70돐 경축행사대표
온 나라 소년단원들을
한생에 다시 없는 소중한 보배이런 듯
넓고넓은 사랑의 한품에 안아주신다
뜻깊은 기념사진도 찍어주신다

보아라 이 시각
얼마나 더 푸르러진 우리의 하늘이냐
얼마나 더 넓어진 우리의 땅이냐
그 얼마나 더 창창해지는 우리의 래일이냐

태여나 지금껏 애오라지
영광과 행복의 이 순간만을 기다려온 듯
감격의 눈물로 앵두볼 적시는 아이들에게
그이께서 주신 것 따뜻한 사랑만이였던가
자애롭고 다심한 정만이였던가

아니였다 그이께서 주신 것은
항일전의 나날 설한풍을 막아내며
마안산에 흘러들던
우리 수령님의 친어버이 그 사랑
자신은 전선으로 아이들은 야영소로
눈비에 젖은 야전복자락속에
아이들의 꿈과 희망 고이 지켜주신
우리 장군님의 영원한 선군해빛

이 세상 친혈육의 사랑과 정을 다 합친
그 모든 것보다 고귀하고 위대한 믿음
우리 혁명의 계승자
청년강국 미래의 주인들에 대한
찬란한 태양의 축복이였거니

아, 우리 원수님은 주시였다
이 나라 아이들만이 아닌
온 나라 인민들모두에게
만리마속도로 치달아오를
천하제일 사회주의강국의 래일
세상에 부럼없이 영원무궁할
백두산대국의 천만년미래를 안겨주시였다

출처: 리일섭 편집, 「<시집> 선군조선의 태양을 우러러(5) 만리마시대」 (문학예술출판사, 2017)

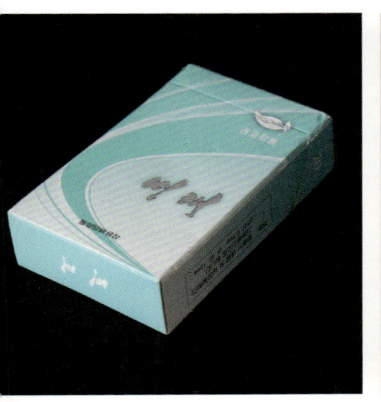 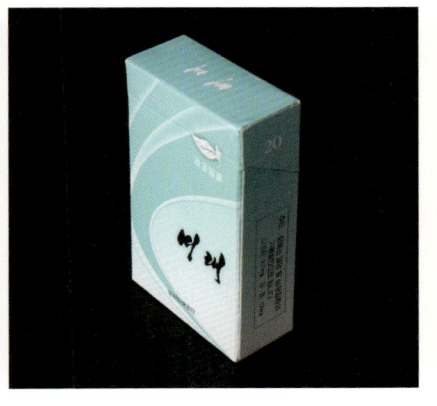  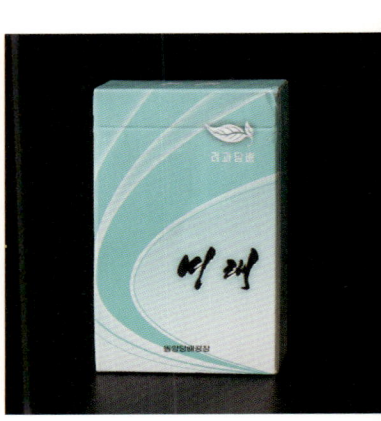

김정은정권 들어서 묘향천호합작회사에서 생산한 화장품의 브랜드가 바로 '미래'다.

묘향천호합작회사 '미래' 3종 셋트

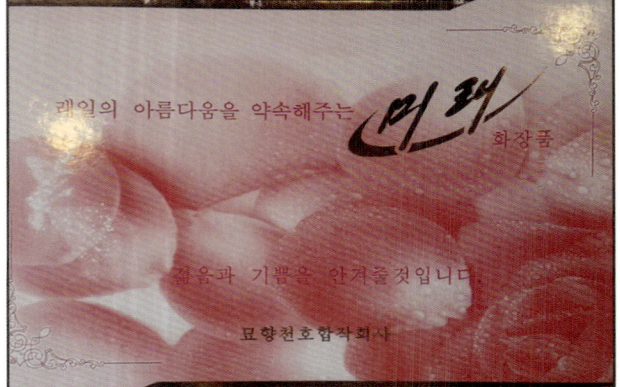

묘향천호합작회사 '미래' 6종 셋트

민들레

담뱃갑에 민들레 홀씨가 날아가는 모양이 그려져 있다. 민들레라는 이름이나 그림만 봐서는 꽃을 표현한 것 같지만 실제로 민들레가 담고 있는 명칭과 의미는 매우 정치적이다. 북한에서 어린이들이 사용하는 노트의 이름이 바로 <민들레 학습장>인데 김정은이 직접 이름을 지어준 것으로 선전한다. 2005년 출간된 장편소설 <민들레>는 비전향장기수의 투쟁 이야기를 담았다. 영화 <민들레꽃다발>은 청년들이 역경에도 굽히지 않고 조국을 위해 충성한다는 내용이다.

새로 건설된 민들레 학습장공장을 현지 지도하는 김정은

영화 - 민들레 꽃다발

이 땅 어디에나 뿌리만 내리면 그 어떤 곳에서도 억세게 피여나는 민들레꽃처럼 살자, 이것은 군사복무 시절 분대장이 석진에게 남긴 말이다. 대학으로의 길도 열려 있었으나 위대한 수령님들의 심려를 덜어드리기 위해 탄부가 된 분대장의 뒤를 이어 탄광으로 자진하여 내려온 주인공 석진은 불밝은 평양의 거리를 언제나 생각하며 소대성원들과 함께 부닥치는 난관을 뚫고나간다. 이러한 그의 모습은 분대장의 동생 설미에게 깊은 여운을 안겨주며 남몰래 사랑의 감정도 품게한다.

영화는 자신들의 값높은 청춘시절을 빛내여가며 그 길에서 아름다운 사랑도 맺는 우리 청년들의 고상한 정신세계를 보여주고있다.

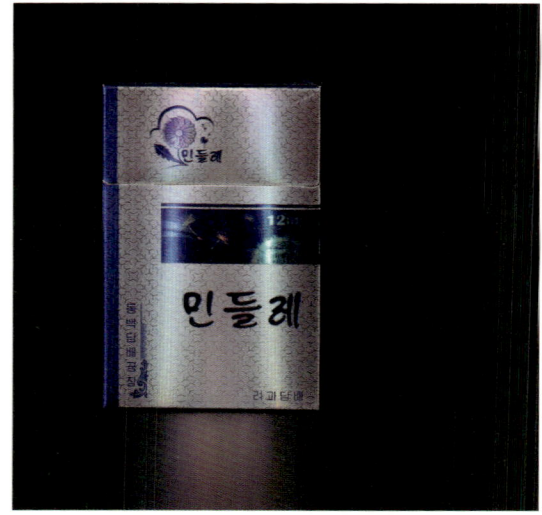

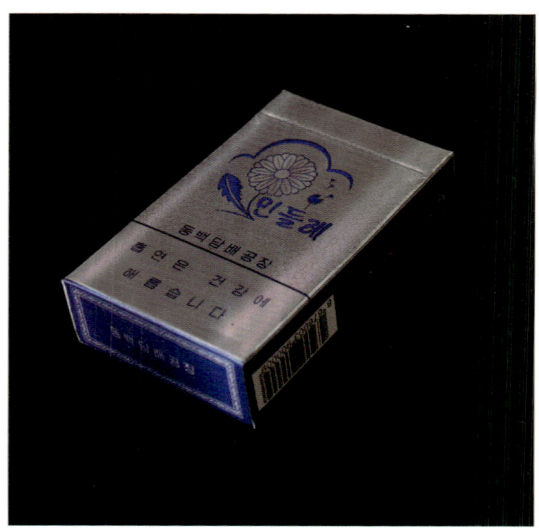

민들레 핀 동뚝길

김경준

송곳뿔 방울염소 햇풀뜯는 동뚝길로
학교에서 돌아오는 소학교 꼬마들
여기저기 가리키며 손뼉을 쳐요

《야하, 민들레! 곱게 폈구나.
아이 고와! 아이 요거! 노란 민들레!
우릴 보고 깨꼬 웃는 것 같지?》

《우리우리 학습장도 <민들레>란다.
원수님 네 이름 달아주셨지.
보겠니? 요것봐! 멋진 학습장.》

저마다 학습장 꺼내들고요
민들레꽃송이 덧놓아보며
아이들은 깔깔깔 웃어대지요

해빛이 눈부신 동뚝길따라
민들레꽃 한송이씩 입에 따물고
깡충걸음 신이 난 예쁜아이들

꽃나비들 팔랑팔랑 따라서고요
매매염손 덩달아서 뜀박질해요

출처: <해님을 우러러 부르는 노래(2) 축포성>
(금성청년출판사 2018).

민들레학습장

김신향

내 고향 푸른 언덕
곱게 폈던 민들레
오늘은 우리들의
책장마다 방긋방긋

민들레 핀 고향마을
안고 살라고
아름다운 우리 조국
지식으로 빛내라고

원수님 보내주신
세상 제일 학습장에
내가 피운 5점꽃
내 마음의 민들레꽃

지식의 높은 탑만
쌓아갈가요
보답의 마음도
함께 쌓지요

5점꽃도 내 마음도
함께 크는 학습장
조국의 래일이
자라는 요람이지요

출처: <우리교실 문학상 당선작품집, 민들레향기>
(금성청년출판사, 2018).

민들레꽃밭

류경철

원수님 보내주신
민들레학습장
너랑 나랑 쓸어보며.
너무 좋아 야! 야!

앞표지엔 민들레꽃
금시라도 필 것 같애
펼쳐보면 꽃 시앗이
동-동 뜰 것 같애

또박또박 꽃글씨
곱게곱게 써나가면
민들레꽃향기도
솔-솔 풍기는 듯

그럴 때면 온 교실이
민들레 고운 꽃밭
그속에선 우리 피운
5점꽃이 방실방실

출처: <허님을 우러러 부르는 노래(2) 축포성>
(금성청년출판사, 2018).

박연

박연폭포는 개성에 있는 폭포로 높이가 37미터에 이른다. 북한 천연기념물 제388호 지정되어 있다. 문학예술출판사에서 2012년 출간한 <박연전설>이라는 중편실화소설은 개성의 박연폭포와 그 주변의 유적, 유물들에 깃든 사화, 전설들을 묶었다고 한다.

125

백두산

백두산 담배는 2종류인데 그 중 하나는 10개비 소형포장이다. 북한군대에 보급되는 담배로 알려져 있다. 북한은 백두산을 어떻게 표현할까? 지난 2014년 10월 27일 김정은은 백두산에 올랐다. 이후 2015년 1월 1일 신년사에서 김정은은 "백두의 혁명정신, 백두의 칼바람정신은 부닥치는 애로와 난관을 맞받아 뚫고 나가는 완강한 공격정신이며 백번 쓰러지면 백번 다시 일어나 끝까지 싸우는 간결한 투쟁정신입니다."라고 말했다. 원문에서 백두산을 표현한 내용은 다음과 같다.

> 백두에서 개척되고 승리적으로 전진하여온 조선혁명을 그 어떤 시련과 난관이 닥쳐와도 기어이 완성하려는 굳은 신념과 의지를 지니신 경애하는 최고령도자 김정은동지께서는 주체103(2014)년 10월 27일 일군들과 함께 혁명의 성산 백두산에 오르시었다.
>
> 이날 우리 민족의 넋이 깃들어 있고 선군조선의 기상이 응축되여있는 조종의 산, 혁명의 성산이며 조선혁명의 발원지이고 승리의 상징이며 선군혁명의 영원한 등대인 백두산에 대하여, 백두산에 깃들어 있는 위대한 수령 김일성동지와 위대한 령도자 김정일 동지의 불멸의 업적에 대하여 뜻깊은 말씀을 하신 경애하는 원수님께서는 일군들에게 백두산의 눈보라는 백두의 칼바람이며 백두의 기상이라고 하시면서 지금은 날씨가 차고 바람이 세게 불어 혁명전적지답사자들도 백두산에 올라가지 않는데 우리는 오늘 백두산에 올라 백두의 칼바람을 맛보았다고, 지금같이 눈보라치는 백두산에 올라 백두의 칼바람을 맛보아야 백두산의 진짜맛을 알 수 있으며 조선혁명을 끝까지 완성하겠다는 결심이 더욱 굳어지게 된다고 힘주어 말씀하시었다. 그러시면서 그이께서는 혁명가들은 백두의 칼바람맛을 알아야 한다고, 백두의 칼바람은 혁명가들에게 혁명적신념을 더 굳게 벼려주고 모든 기적과 승리를 가져다 주는 따스한 바람이지만 혁명의 배신자, 변절자들에게는 돌풍이 되어 철추를 내리는 예리한 바람이라고 하시였다.
>
> 출처: 채희원·원충국, 「김정은장군과 시대어」 (백과사전출판사, 2017).

이후 김정은 시대의 아이콘이라 불리는 모란봉악단은 <가리라 백두산으로>라는 신곡을 발표했다.

<가리라 백두산으로>

노동신문은 <가리라 백두산으로>노래를 소개하며 백두산을 이렇게 표현한다.
(아무리 준비된 혁명가라고 해도 세월의 흐름과 더불어 사상에 공백이 생길수도 있고 정신에 곰팽이가 낄수도 있다. 김일성, 김정일조선의 아들딸들을 한생토록, 세대를 이어 변함없이 쇠소리나는 혁명가로 키워주는 사상단련, 정신수양의 가장 훌륭한 학교가 바로 백두산이다.)

10개비 소형 포장담배

별이 솟네 별이 솟네
장군별이 솟네
백두산에 높이 솟네
장군별이 솟네

백두는 웨친다

김길성

이른새벽
백두의 칼바람 휘몰아치는
조종의 산 백두산정에
천하를 쥐락펴락하시는
천출명장 우리 원수님 오르시였다

휘몰아치는 백두의 칼바람에
원수님의 외투자락은
하늘을 날을 듯 퍼덕이는데
누리를 밝히며
동녘하늘이 붉게 타오른다
해돋이 장쾌한 백두의 해돋이가
신비의 장막을 펼친다

오, 장엄하여라 장쾌하여라
세상에서 제일 높은
신념의 산악
선군의 거봉에 올라
온 세상을 발밑에 굽어보시리라

백두를 닮은 조선의 장군
원수들에겐 멸적의 돌풍을 불러오고
제일로 사랑하는 우리 인민에겐
무궁번영과 행복만을 안아오는
불세출의 위인이신
백두의 선군령장 김정은 원수님

출처: 리일섭 편집, 「<시집> 선군조선의 태양을 우러러(5) 만리마시대」
(문학예술출판사, 2017)

백두산악같은 신념
백두의 칼바람정신이
온 나라 천만군민의 심장속에
용암처럼 끓어번지게 하시려
백두의 담력과 배짱을 지니시고
류례없이 사나운 백두산날씨에
몸소 전투비행사들과 함께
혁명의 성산 백두산정에 오르시였나니

오, 세계여 보는가
천하를 밝히며
세기를 밝히며
조선의 태양이 누리에 빛난다
온 세상이 21세기의 태양을 우러러
삼가 머리숙여 경의를 드리는가

백두의 천고밀림이 파도쳐설레인다
천지의 푸른물도 격정에 끓어번진다
백두가 백두가 태동한다

정녕 숭엄한 감정 백두산정에 흘러넘쳐라
내 나라 내 조국땅에 대통운이 트고
조선의 영광 하늘 끝에 닿았거니

아 아, 백두는 웨친다 격조높이
대원수님들 그대로이신 김정은원수님은
주체혁명의 영원한 승리의 상징
백전백승의 선군의 기치
영원불멸할 주체의 태양이시라고

백산은 함경남도 풍산군 개마고원에 있는 산으로 높이는 2,476m에 이른다. 백산 담배는 모두 4종류가 생산되는데 그 중 한 개에는 단풍잎과 함께 백산 봉우리 전경이 그려져 있다. '평양', '백산' 등을 생산하는 '평양백산담배합영회사'는 중국의 '길림담배공업유한회사'가 설비를 투자한 합자회사이다.

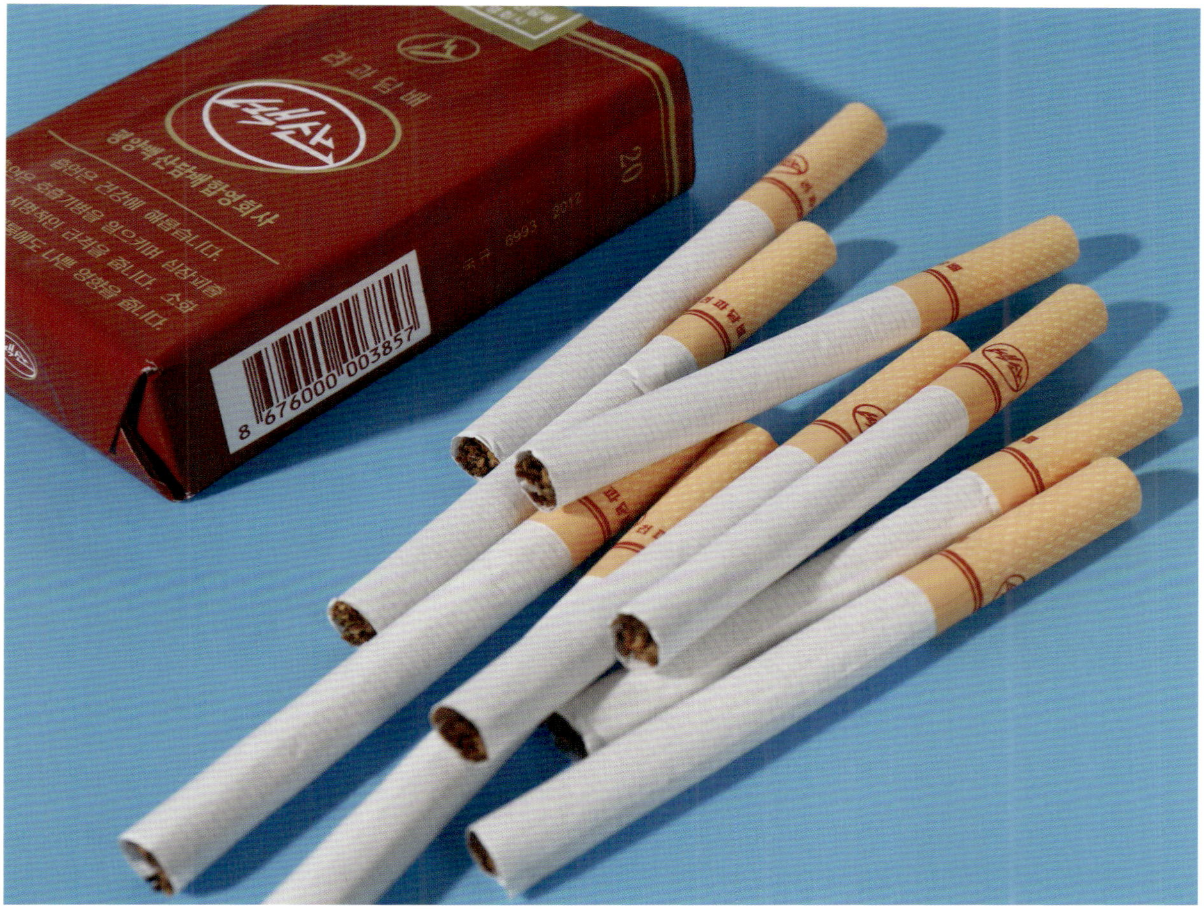
려과담배
백산
평양백산담배합영회사
20
8 676000 003857

평양백산담배
합영회사
려과담배
백산
평양백산담배합영회사
주의: 흡연은 페암 및 심장질환의
기본원인으로 됩니다.

려과담배
백산
평양백산담배합영회사

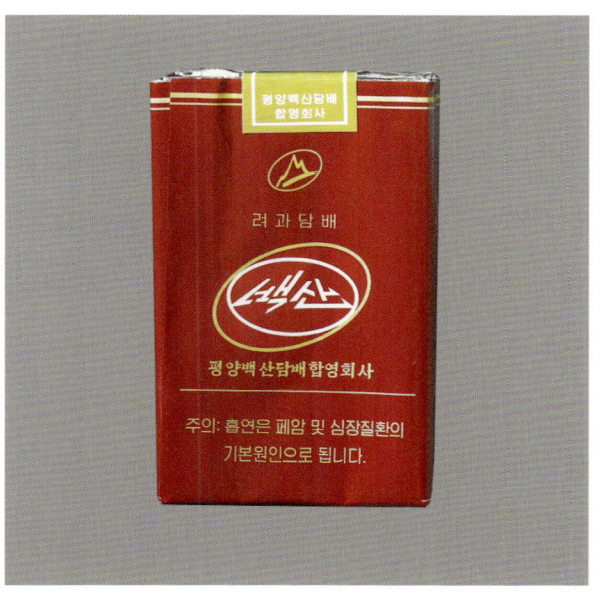

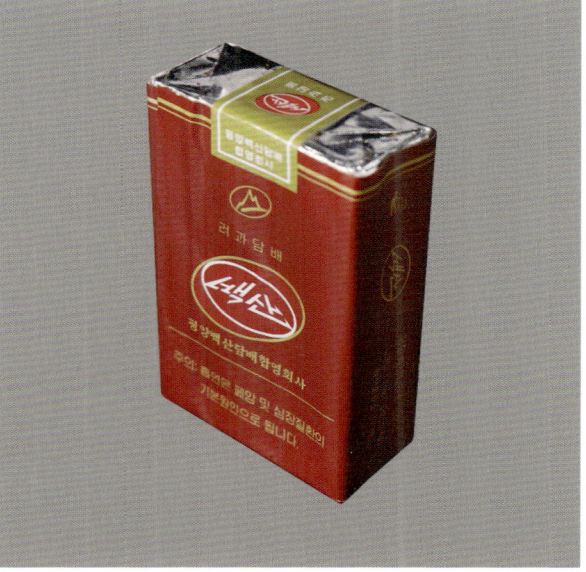

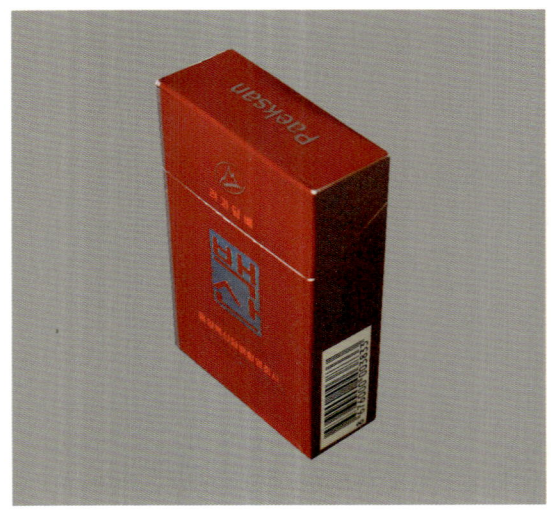

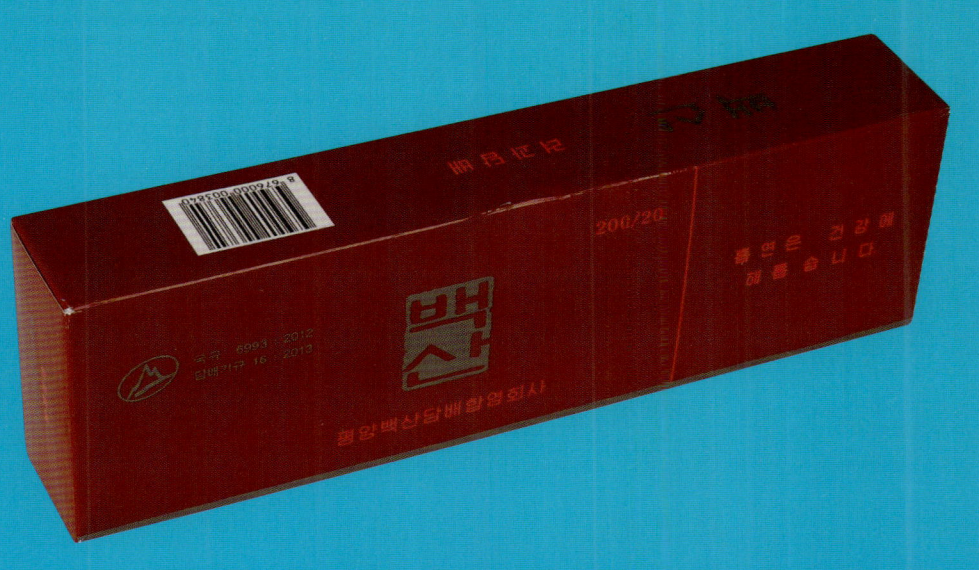

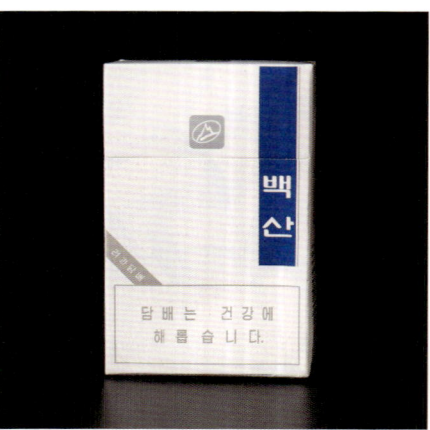
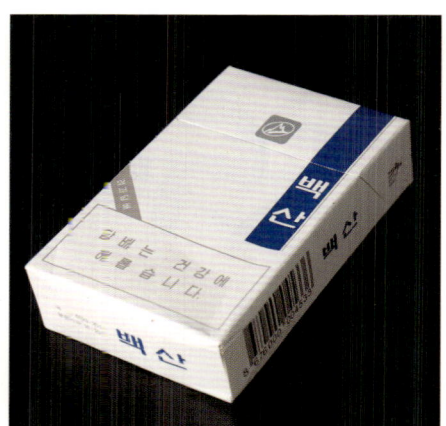

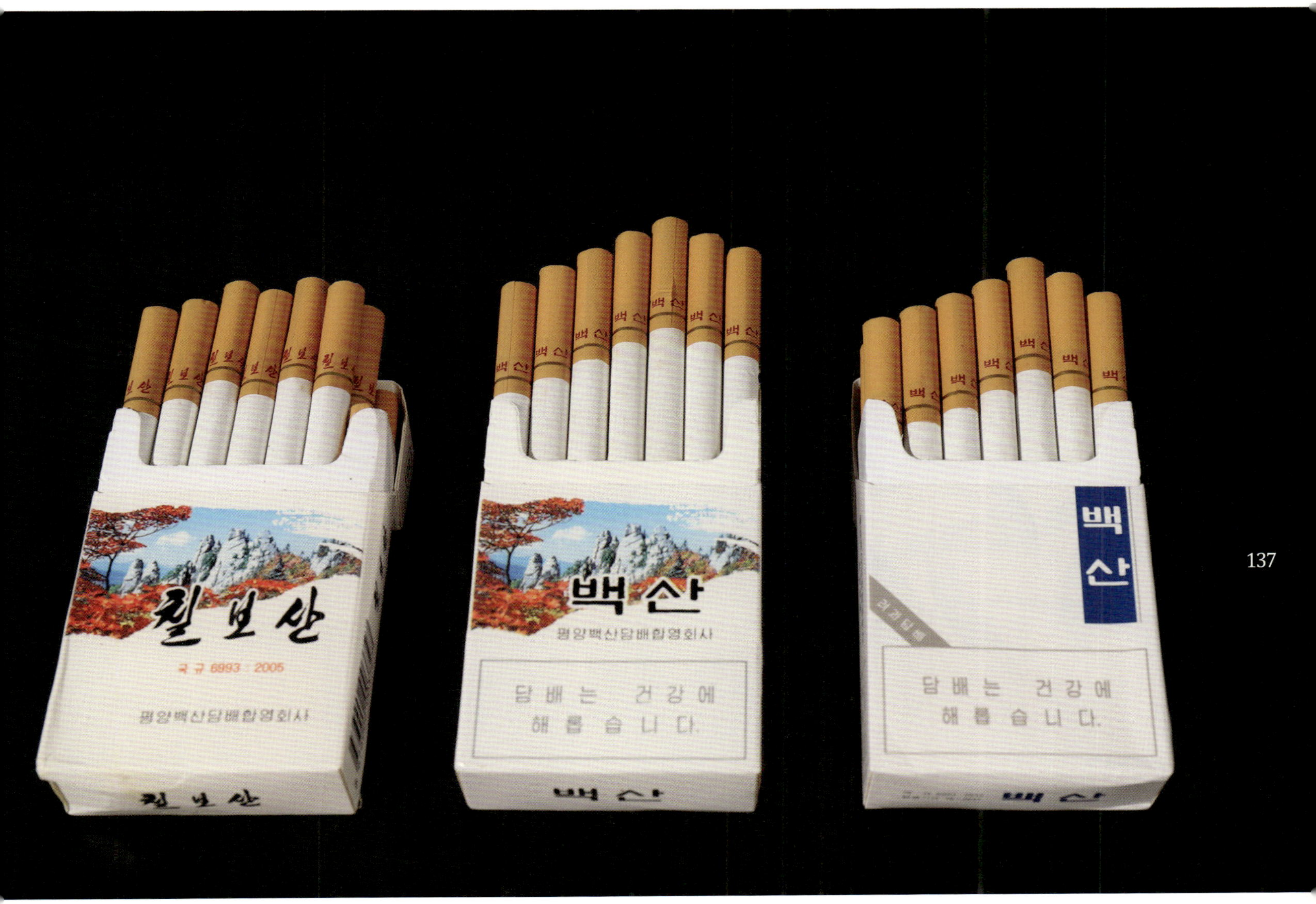
칠보산
국규 6993 : 2005
평양백산담배합영회사
칠보산
백산
평양백산담배합영회사
담배는 건강에
해롭습니다.
백산
백산
담배는 건강에
해롭습니다.
백산

번 개

담뱃갑에 번개 모양이 그려져 있으며 색상에 따라 두 종류다. 영화 <번개와 우뢰>는 전쟁 시기 군사정탐과 습격전투를 영웅적으로 한 인민군들의 모습을 형상화한 작품이다. 영화 장면 중에 환자가 담배를 몰래 숨기자 간호장교는 "정체불명의 담배공급원이 나타나는 걸 모를 줄 아세요"라며 침대 밑에 숨겨둔 담배를 찾아낸다.

출처: 영화 <번개와 우뢰>중 한 장면(유튜브 캡쳐)

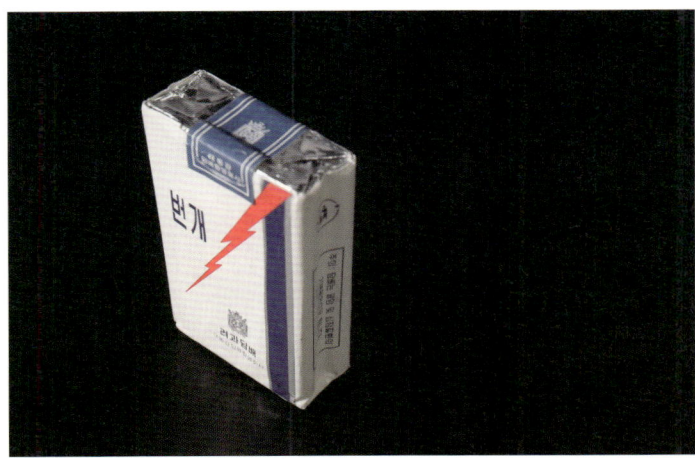
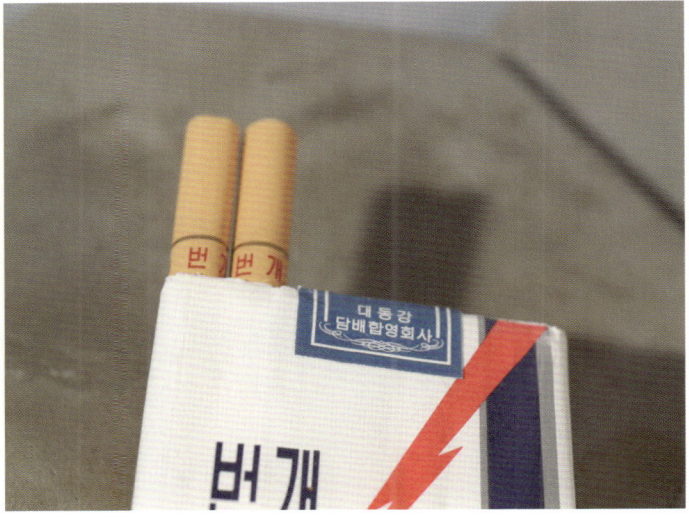

디자인은 비슷하지만 색깔이 각각 다른 종류로 구분하면 <별> 담배는 7종류다. 6종은 모두 영제담배공장에서 생산한 제품이며, 나머지 하얀색 곽포장 담배는 ,나머지 하얀색 곽포장 담배에는 미얀마어 함께, 영문으로 "KAMPATI CIGARETTE FACTORY MYANMAR"라고 표기했다. 포장지에 그려진 별은 모두 7개인더 <북두칠성>이라는 담배와는 다른 종류다. 예술영화 <쉰 두개의 별>에는 "태양을 따르는 별", <조선의 별>에는 "동지애의 노래"가 수록되어 있다. 별을 제목으로 한 영화에서 별의 의미는 태양을 따르는 별로 표현되는데 이는 김일성-김정일로 이더지는 세습의 정당성과 정권에 대한 충성도를 강조하는 의디로 볼 수 있다.

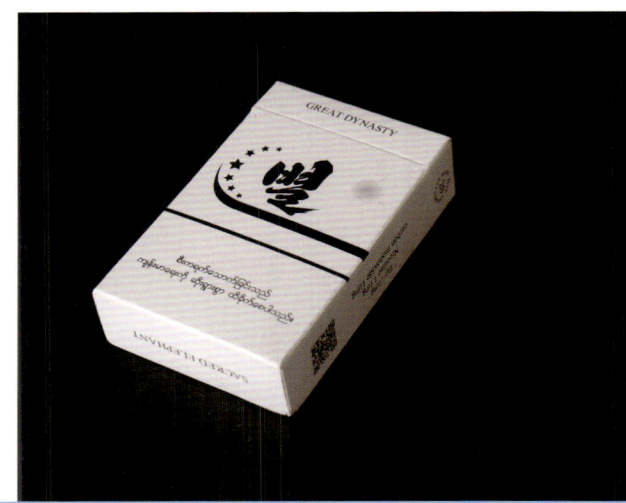

태양을 따르는 별
예술영화 《쉰두개의 별》 중에서

작사 주정웅
작곡 배용삼

노래 〈태양을 따르는 별〉

1절　저 하늘 새별하나 군모에 내렸는가
　　　태양의 두리에 별처럼 그모습붉게타네
　　　사랑으로 안겨주신 별 믿음으로 안겨주신 별
　　　백두의 태양을 따르는 한마음 어려있네

2절　가는 길 멀다 말아 붉게 타는 별이여
　　　은혜론 태양의 빛발이 앞길을 밝혀주네
　　　그 사랑을 안고사는 별 그 믿음을 안고사는 별
　　　밤안개 비구름 막아도 웃으며 헤쳐가네

3절　저 하늘끝에 가도 빛나는 별이런가
　　　태양의 빛발에 싸이여 그 모습 변함없네
　　　그 사랑에 빛을 뿌리며 그 믿음에 빛을 뿌리며
　　　세월의 끝까지 따르는 태양의 별이 되리

탄소려과
흡연은 건강에 해롭습니다

탄소려과
흡연은 건강에 해롭습니다

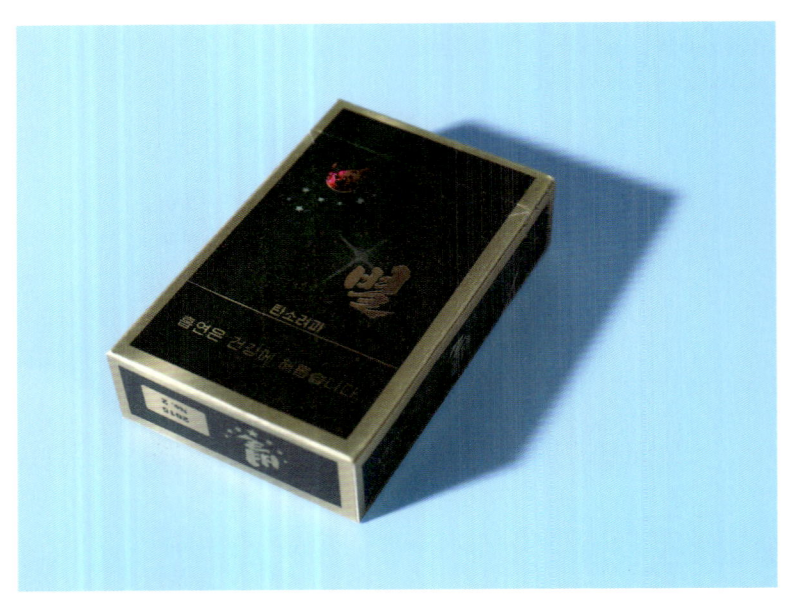

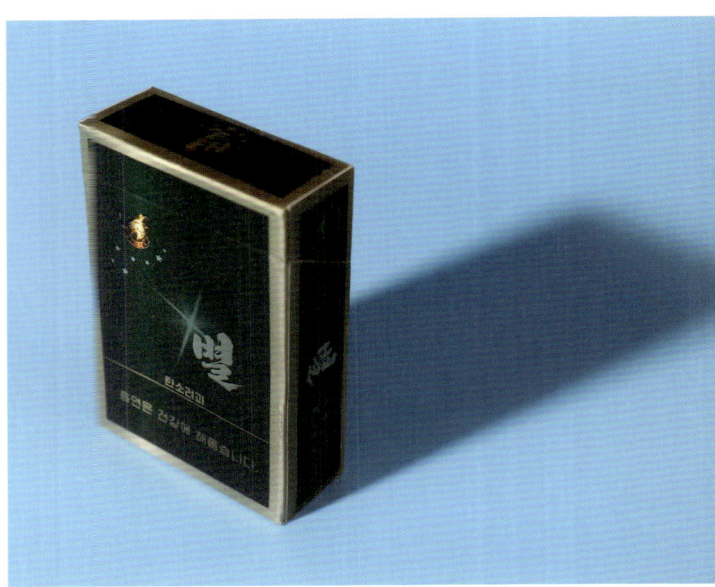

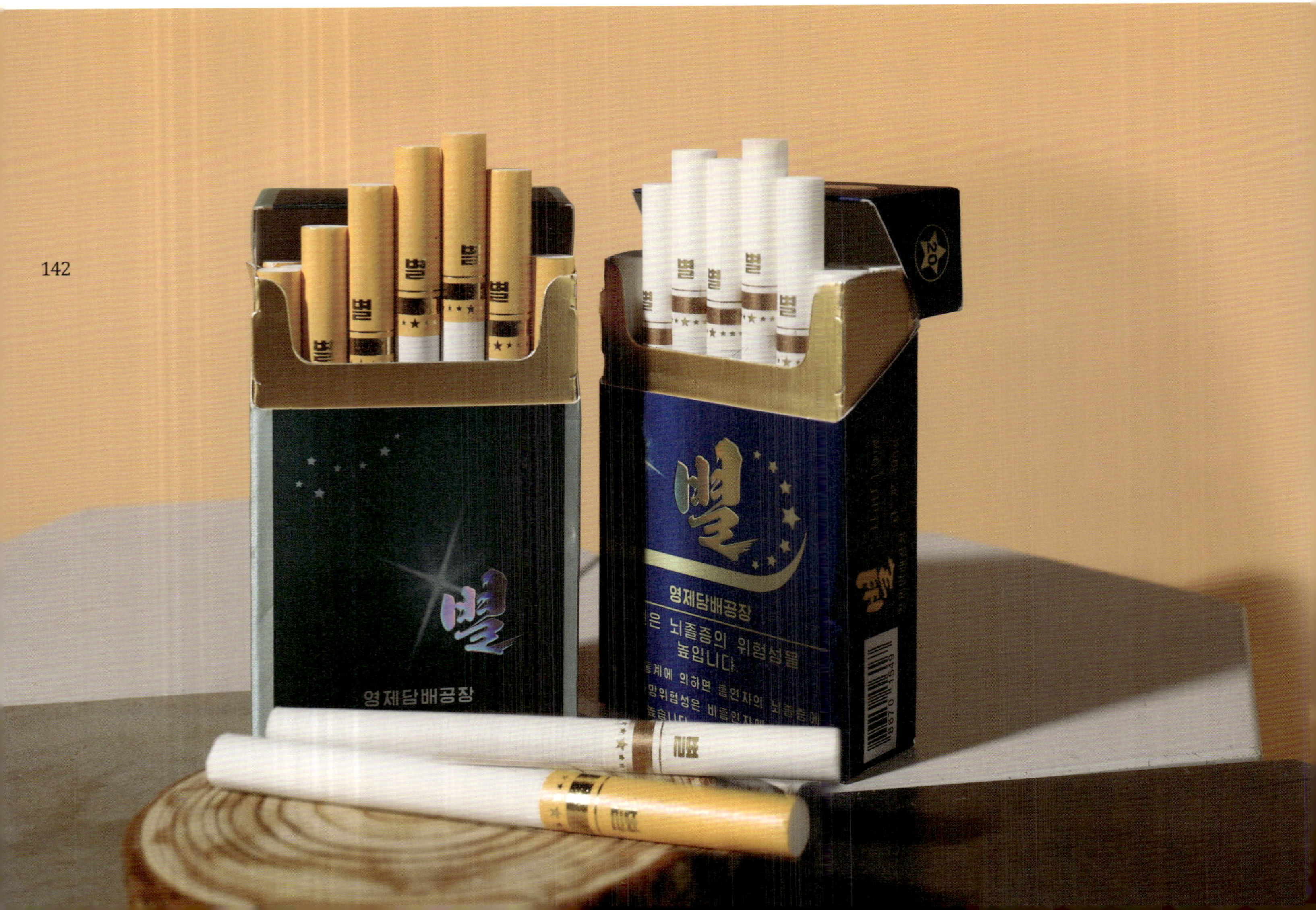
영제담배공장
영제담배공장
높입니다

노래 <동지애의 노래>

1절 가는 길 험난하다해도 시련의 고비넘으리
불바람 휘몰아쳐와도 생사를 같이하리라
천금주고 살수 없는 동지의 한 없는 사랑
다진 맹세 변치말자 한별을 우러러보네

2절 돌우에 피여나는 꽃은 그 정성 키운것이고
그 사랑 주신거라네
비가 오나 눈이 오나 가야 할
혁명의 길에 다진 맹세 변치 말자
한별을 우러러보네

김정은 원수님 그려보는 밤

김설향

별 하나 나 하나 세여갈 때면
김정은 원수님 뵙고싶어요
별처럼 많고 많은 꿈을 키우라
이밤도 험한 길 걸으실 원수님

별 하나 나 하나 세여갈 때면
김정은 원수님 뵙고싶어요
소년단원 큰 자랑 꽃피워주시려
6월의 그밤도 지새신 원수님

별 하나 나 하나 세여갈 때면
김정은 원수님 뵙고싶어요
반짝반짝 빛나는 아기별처럼
나도야 해님의 별이 될래요

아 김정은원수님 그려보는 밤

출처: 박춘선, 「동요동시집 사랑의 해님」
(금성청년출판사, 2014).

147

부흥

부흥이라는 명칭이 사용된 대표적인 사례로 <강성부흥아리랑>을 들 수 있다. 2002년부터 시작된 대집단체조와 아리랑 공연은 김일성 탄생 90주년을 기념하는 의미로 '첫태양의 노래'라는 제목으로 준비하다가 김정일의 제시로 '아리랑'으로 바뀌었다. 아리랑은 '환영장', '서장', '1장 아-리랑민족', '2장 선군아리랑', '3장 아리랑무지개', '4장 통일아리랑', '종장: 강성부흥아리랑'의 7개의 장으로 구성된다. 각 장에는 김일성과 김정일의 지도이념인 '주체', '선군', '강성부흥'의 주제가 들어 있다. 대집단체조와 예술공연인 아리랑공연은 우리 민족은 '아리랑민족'으로서 어려움을 겪었지만 '조선의 별'(김일성)을 만나 조국을 찾았고, 김정일 시대를 맞아 '선군아리랑'의 내용으로 펼쳐지고 있다. '선군 아리랑으로 천지가 거벽하고, 나라도 흥하고, 행복도 찾아오고, 통일을 이루어 강성부흥을 이루어 가자'는 것으로 규정된다.

북한이 주장하는 강성대국은 '주체의 사회주의 나라'라고 규정하며 "나라와 민족은 진정한 강성과 부흥은 자주의 길에 있으며 사회주의의 길에 있다."고 주장한다.

노래 <강성부흥아리랑>

1절 무릉도원 꽃펴가니 흥이로다 아리랑
    제힘으로 세워가니 멋이로다 아리랑
    후렴)장군님의 손길따라 주체강국 나래친다
    아리랑 아리랑 스리스리랑 강성부흥 아리랑

2절 일심으로 뭉쳤으니 두렴없어 아리랑
    철벽으로 다졌으니 끄덕없어 아리랑

3절 태양조선 강해가니 존엄높아 아리랑
    태양조선 흥해가니 살기좋아 아리랑

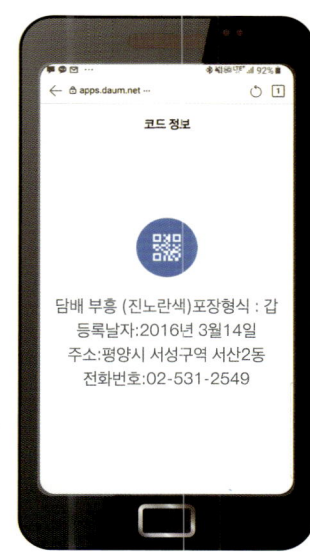

담배 옆면의 QR 코드를 검색하면 다음과 같은 정보가 표기된다.

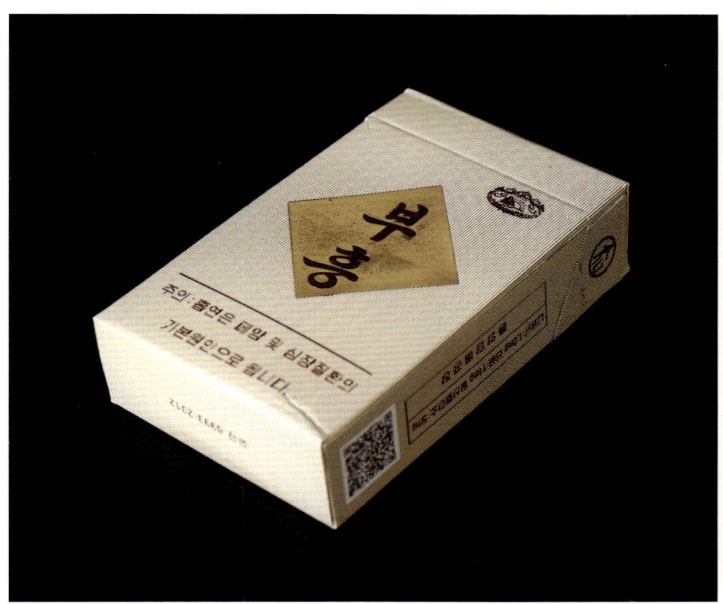

불 쒸

5종류인더 ㄷ 중 세 종류는 동일한 디자인에 바탕색만 다르며, 나머지 하나는 생산공장인 <삼일프돋배공장>의 삼일포를 형상화 한 도안을 넣었다.

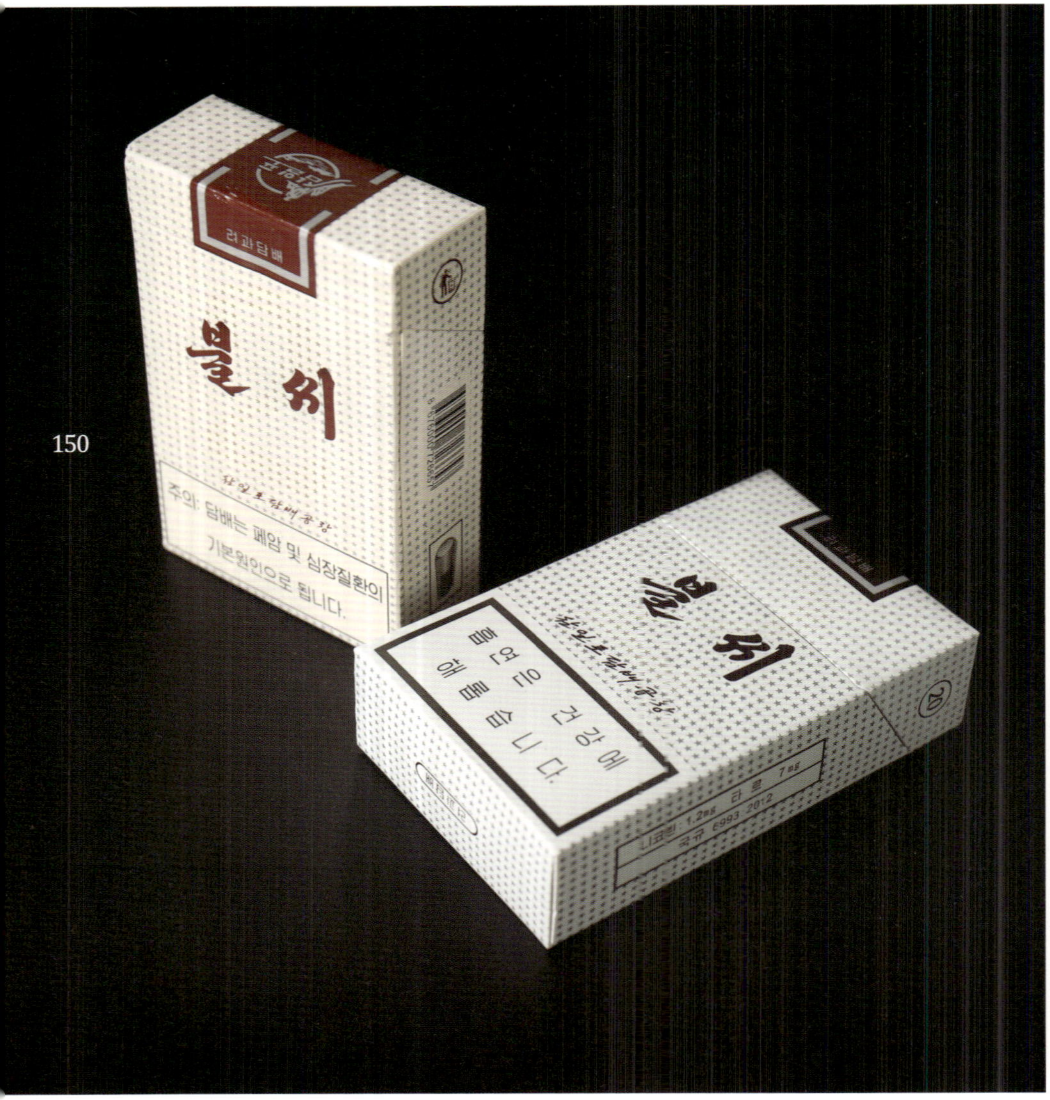

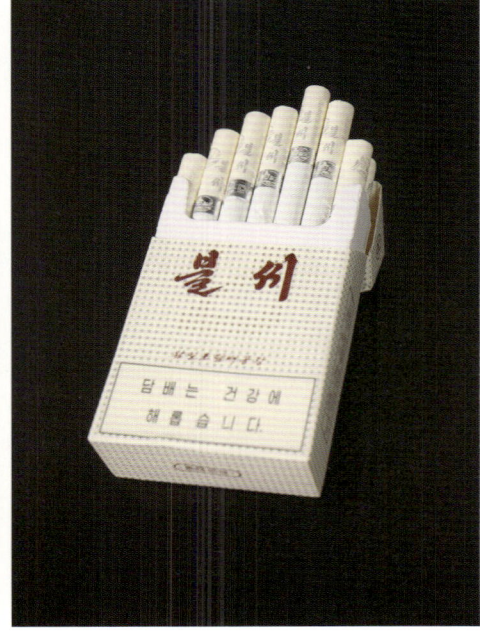

불씨
삼일포담배공장
주의:담배는 건강에 해롭습니다.

삼일포
불씨
삼일포담배공장
주의:담배는 건강에 해롭습니다.

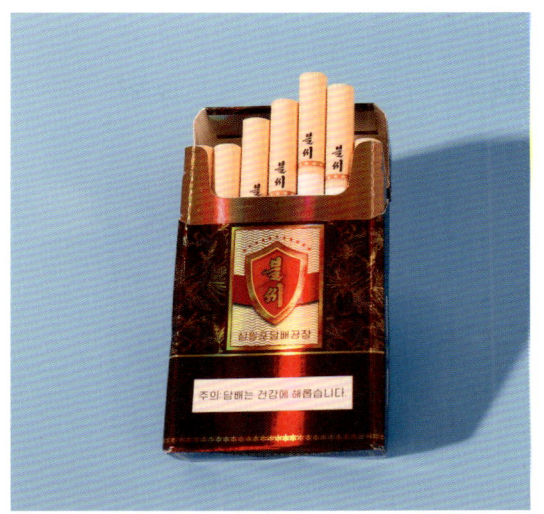

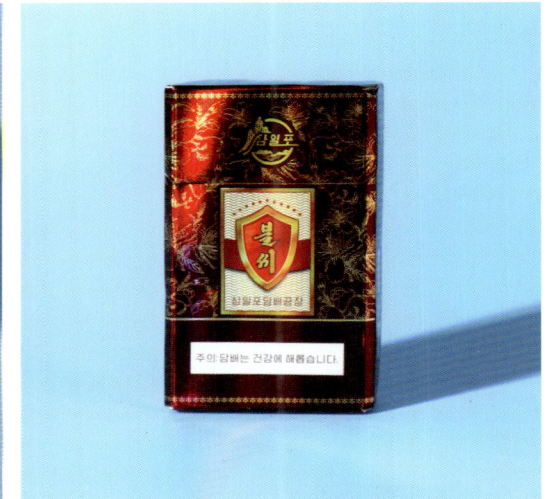

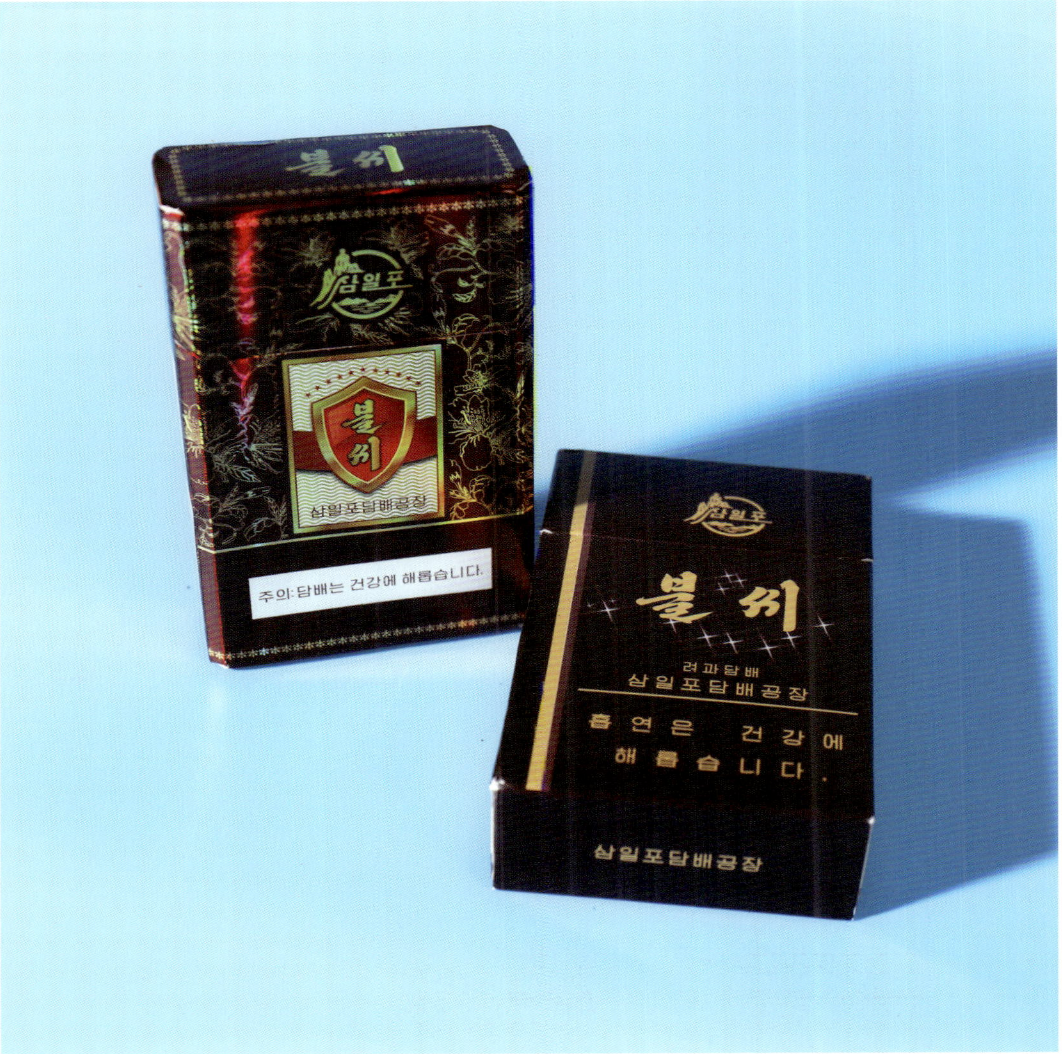
불씨
삼일포
불씨
삼일포담배공장
주의: 담배는 건강에 해롭습니다.
삼일포
불씨
려과담배
삼일포담배공장
흡연은 건강에
해롭습니다.
삼일포담배공장

북한 국장에 표시된 붉은 별은 '혁명의 영광'을 의미한다. 북한의 컴퓨터 운영체제는 붉은별이 사용되는 대표적인 사례이다. '조선콤퓨터쎈터(Korea Computer Center)'에서 개발한 컴퓨터 운영체제 이름이 바로 붉은별이다. 2001년 개발을 시작으로 2009년부터 상용화 했다.

북한 국장의 <붉은별>

  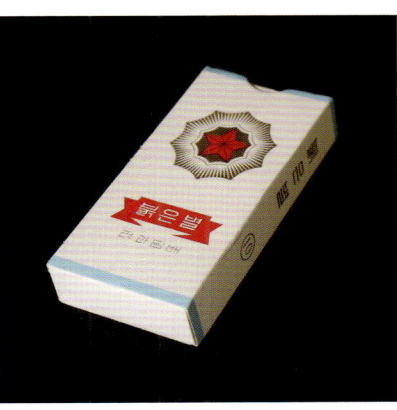 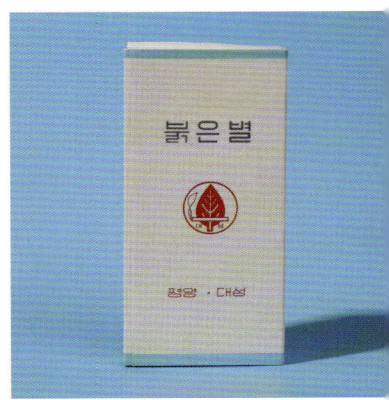

뒷면

153

2009년 8월 10일자 노동신문의 '무에서 유를 창조하라'는 정론을 보면 "지난날에 상상도 못하던 것을 현실로 전환시켜놓는 말 그대로 기적적인 창조이며 비약"이라는 표현이 있다. "지금 우리 조국(북한)의 비약속도는 상상을 초월하고 있으며 날이 갈수록 세계의 이목을 끌고 있다."고 주장했다.

삼일포

금강산에 위치한 호수로 천연기념물 제218호로 지정되어 있다. 담뱃갑에는 삼일포를 형상화 한 그림이 그려져 있다.

려과담배
삼일포
삼일포담배공장

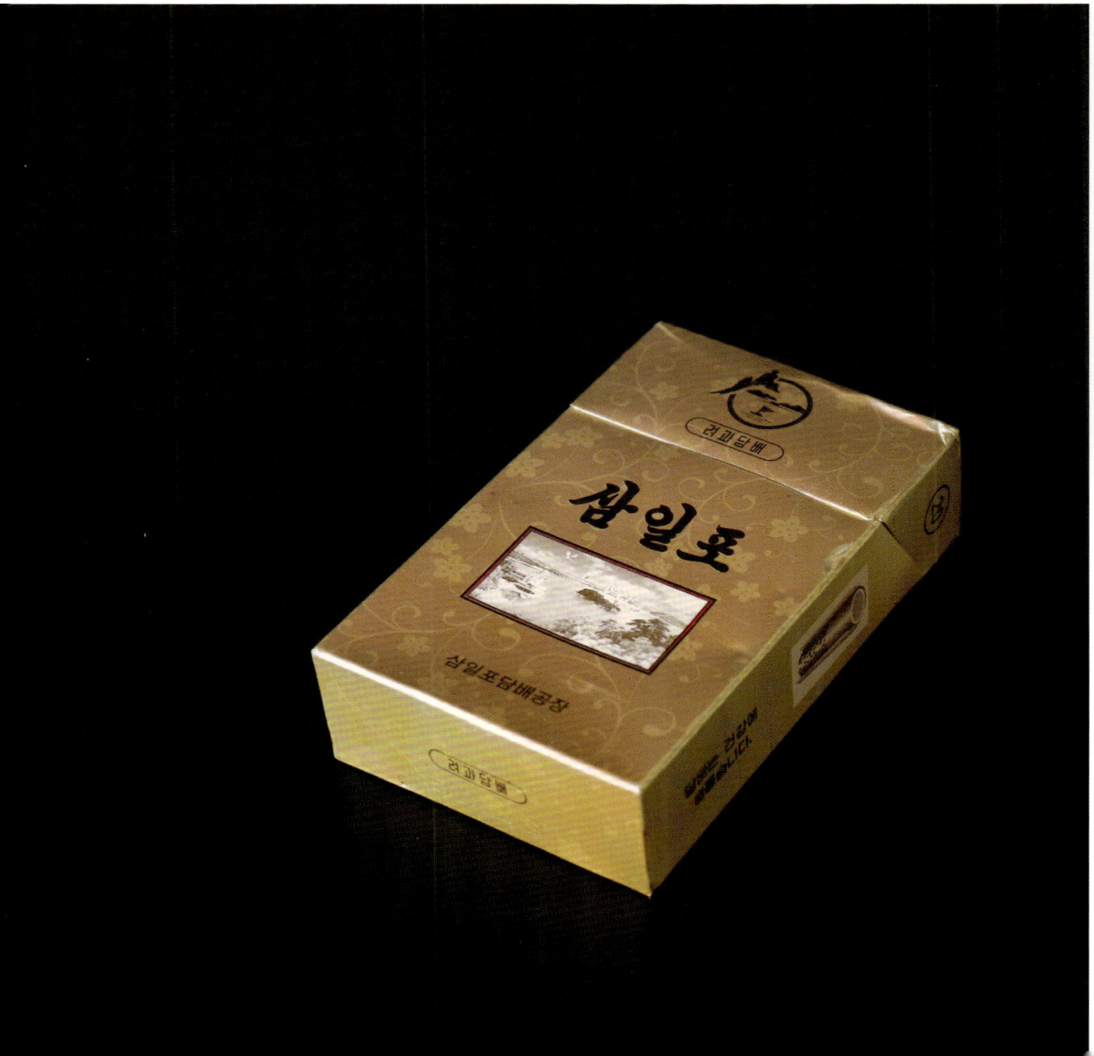
려과담배
삼일포
삼일포담배공장

려과담배
삼일포
삼일포담배공장

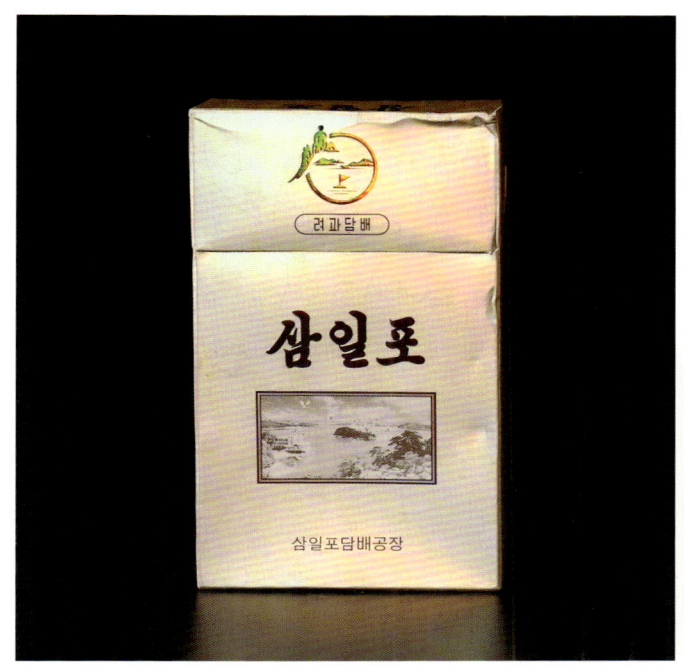

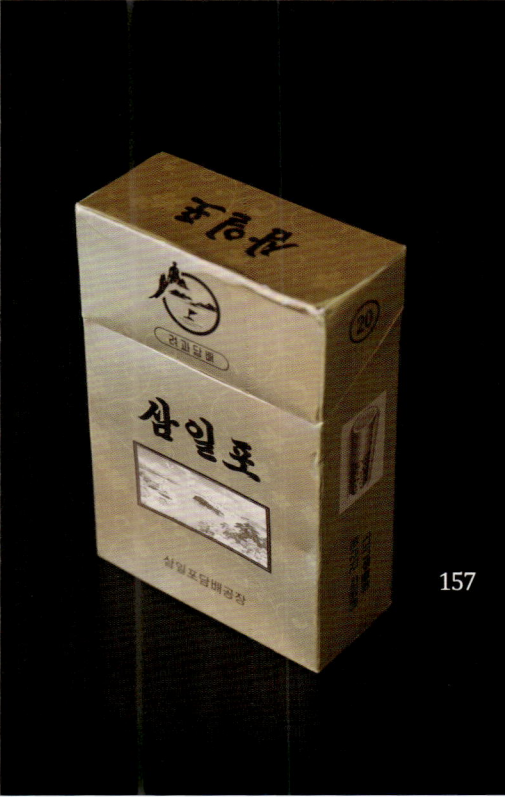

상감령

상감령은 2종류인데 라선흥우무역회사로 표기된 제품과, 별도의 회사나 공장 표기 없이 영문과 한자를 함께 표기한 제품으로 구분된다. 상감령은 강원도 철원군 일대의 고개를 가리킨다. 이곳은 중국이 '항미원조(抗美援朝) 전쟁'으로 부르는 6·25전쟁 중인 1952년 10월부터 11월까지 국군과 중공군이 벌인 고지전으로, 중국이 이 전투에서 최대의 승리를 거뒀다고 선전하는 곳이다.

미국과 중국간 총성 없는 무역전쟁이 벌어지면서 미국의 제재를 받던 중국 기업 화웨이의 런정페이(任正非)회장은 상감령 전투를 언급했다. 2019년 북한과 중국의 친선우호 관계를 대변해서였을까? 북한이 생산한 담배 이름이 바로 그 상감령이다.

서광

서광은 "새벽에 동이 틀 때의 빛"이라는 말로 "복되고 좋은 일이 있을 징조나 조짐" 또는 "상서로운 빛"을 의미한다. 북한 대외선전매체 사이트 중에 '서광'이라는 명칭을 찾을 수 있다. 북한이 최신 모델이라며 선전한 스마트폰 평양2425도 서광 사이트를 통해 공개되었다.

설경

지난 2014년 9월 7일 북한 어선이 오징어잡이를 하던 중 기관고장으로 5일간 표류하다 독도경비대에 의해 독도근해에서 발견된 사건이 있었다. 이 때 북한어선들로부터 압수한 물품 가운데 설경 담배가 있었다.

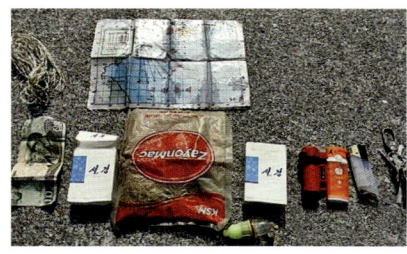

사진출처: "표류 北 어선 승선원들이 피우던 '설경' 담배와 북한 지폐 눈에 띄네", 「노컷뉴스」, 2014년 9월 7일.

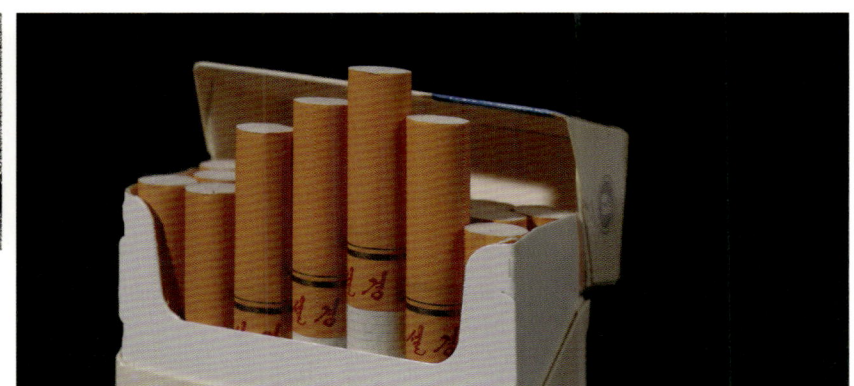

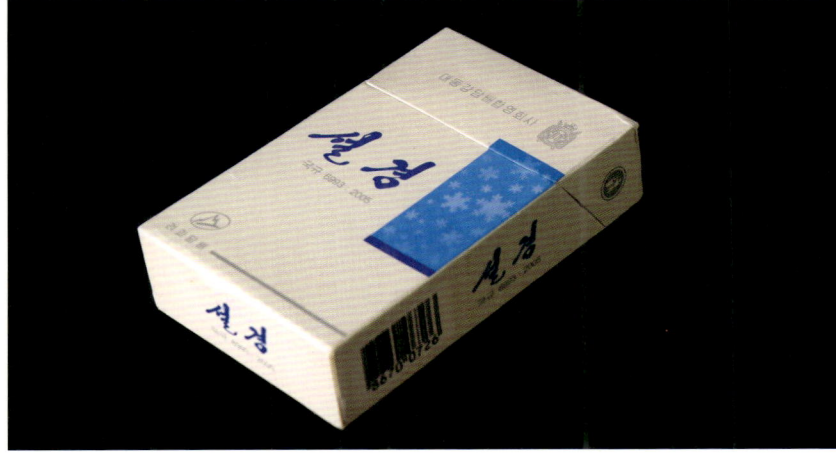

"성새"는 성초- 요새를 이르는 뜻이다. 사회주의 성새를 굳건히 지켜나가자는 표현으로 주로 사용된다. 2019년 1월 14일자 노동신문은 북한의 노농적위군 60주년을 맞아 "당과 혁명 위업에 끝없이 충실한 노농적위군의 힘찬 대오가 있기에 우리 조국은 사회주의의 성새로 우뚝 솟아 빛날 것"이라고 언급했다.

영화 - 성새

1991년에 발표된 예술영화 성새는 항일투사 안길이 해방된 조국에서 정규무력건설 사업을 맡아 김일성의 품성에 감동하면서 무력건설사업에 최선을 다하는 모습을 그린 작품으로 알려져 있다.

수리개는 '솔개'를 이르는 함경도 방언이다. 포장지에는 실제로 솔개를 형상화 한 새 모양이 그려져 있다.

영화 - 산정의 수리개들

제철소까지의 송전선로가 휘여진것으로 하여 1100t의 철강재가 랑비된다는 것을 알게 된 송전탑건설대 대장인 주이공 억만은 송전선로를 직선으로 끌것을 결심하고 이 일에 달라 붙는다. 그러나 작업반장과 일부 청년들은 강재 몇 t 때문에 험한 산발로 선로를 곧추 내 겠는가고 하면서 산세를 따라가며 송전선을 늘이자고 한다. 그때 억만은 위대한 수령님께서는 1966년에 강재 1 만 t 만 더 있으면 나라가 허리를 펴겠다고 하셨는데 이 교시를 벌써 잊었는가고 하면서 그들의 그릇된 생각을 바로 잡아준다. 영화는 6 만 KVA 선 공사를 성과적으로 끝낸 억만과 송전탑건설대 대원들이 또다시 다른 작업대상을 찾아 머나먼 길을 떠나는것으로 끝난다.

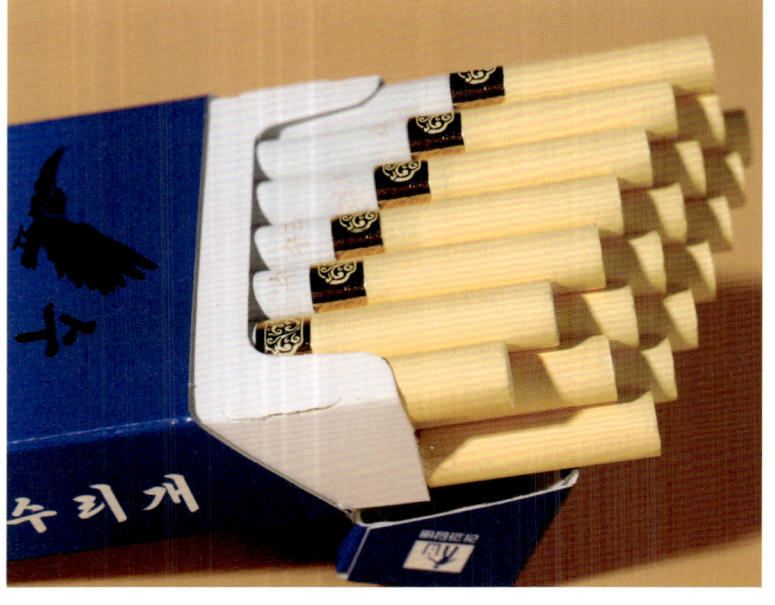

노래 　<수령님 바라시는 오직 한길에>

1절　　높은산 험한령이 우리는 좋아
　　　　사나운 비바람이 우리는 좋아
　　　　수령님 바라시는 글 길이라면
　　　　하늘땅 끝이라도 우리 가리라
　　　　아-　　아-
　　　　하늘땅 끝이라도 우리 가리라

2절　　조국땅 머나먼 곳 어디를 가도
　　　　깊고깊은 산속의 어디를 가도
　　　　수령님 위하여 한 몸 바치는
　　　　아 끝없는 행복속에 우리 살리라

담뱃갑에 표기된 새봄이라는 서체가 캘리그라피 형태로 다른 북한담배 서체와 비교하면 매우 흥미롭다. 새봄이라는 표현은 텔레비전연속극으로 23부작 <석개울의 새봄>에서 찾을 수 있다

석개울아 흘러라

텔레비죤련속소설 《석개울의 새봄》 중에서

약간 느리게 서정적으로
작사 박인서
작곡 김정수, 차학철

석 개울의맑은 물 —이 굽 이굽이흐르 는
넓 은들은나를 길 러준 어머니품 일— 세
우리모 두 피흘리—며 지 켜낸—고향 땅 —을
청 —춘을바쳐 가 꾸리 가꿔—가 리— 라

노래 <석개울아 흘러라>

1절   석개울의 맑은물이 굽이굽이 흐르는
      넓은들은 나를 길러 준 어머니 품일세
      우리 모두 피흘리며 지켜낸 고향땅을
      청춘을 바쳐 가꾸리 가꿔가리라

2절   하늘땅에 울려가는 협동화의 종소리
      이 가슴에 넘쳐흐르는 희망의 노랠세
      대를 이어 길이길이 살아나갈 고향땅을
      청춘을 바쳐 빛내리 빛내여가리라

영화 - 석개울의 새봄

전쟁의 승리와 함께 포연에 그슬린 군복을 입고 고향 석개울로 돌아온 주인공 창혁은 당의 농업협동화-방침을 받들고 그 실현을 위해서 앞장에서 일해나간다. 계급의식이의 미숙성, 협동화에 대한 편견과 뿌리깊은 개인리기주의, 계급적원쑤들의 집요한 암해책동 등 시련과 난관이 겹쌓이지만 창혁을 비롯한 석개울사람들은 사회주의협동경리의 우월성과 생활력을 확신하고 서로 돕고 이끌어 석개울의 새봄을 맞이한다. 산천도 인간도 새롭게 변모되는 위대한 전변의 력사를 말해주는 석개울도 소리치며 끊임없이 흐른다.

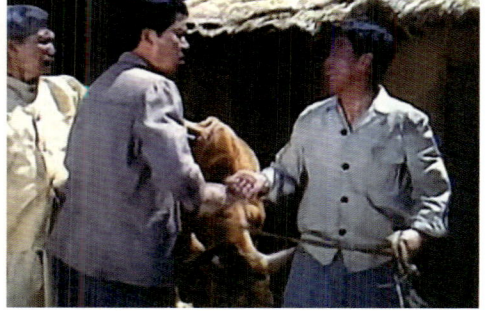

아리랑 담배는 최근 화려한 디자인으로 출시되고 있다. 디자인에 따라 6종류이며, 그 중 슬림형 2종의 담뱃갑에는 입체감이 느껴지는 화려한 색상의 산수화가 그려져 있다. 흰색과 파란색 곽포장 2종은 평양백산담배합영회사에서, 나머지 4종은 룡봉담배회사 제품이다. 슬림평 제품에는 "아리랑 아리랑 아라리요 아리랑 고개로 넘어간다 나를 버리고 가시는 님은 십리도 못가서 발병난다"는 가사를 표기하고 디자인했다.

2013년 문학예술출판사에서 발간한 장편소설 <아리랑>은 "위대한 장군님께서 대집단체조와 예술공연 《아리랑》 창조과정을 현명하게 령도하신 내용을 형상하였다."고 소개한다. 대집단체조와 예술공연 <아리랑>은 2018년에는 <빛나는 조국>, 2019년에는 <인민의 나라>로 수정되었다.

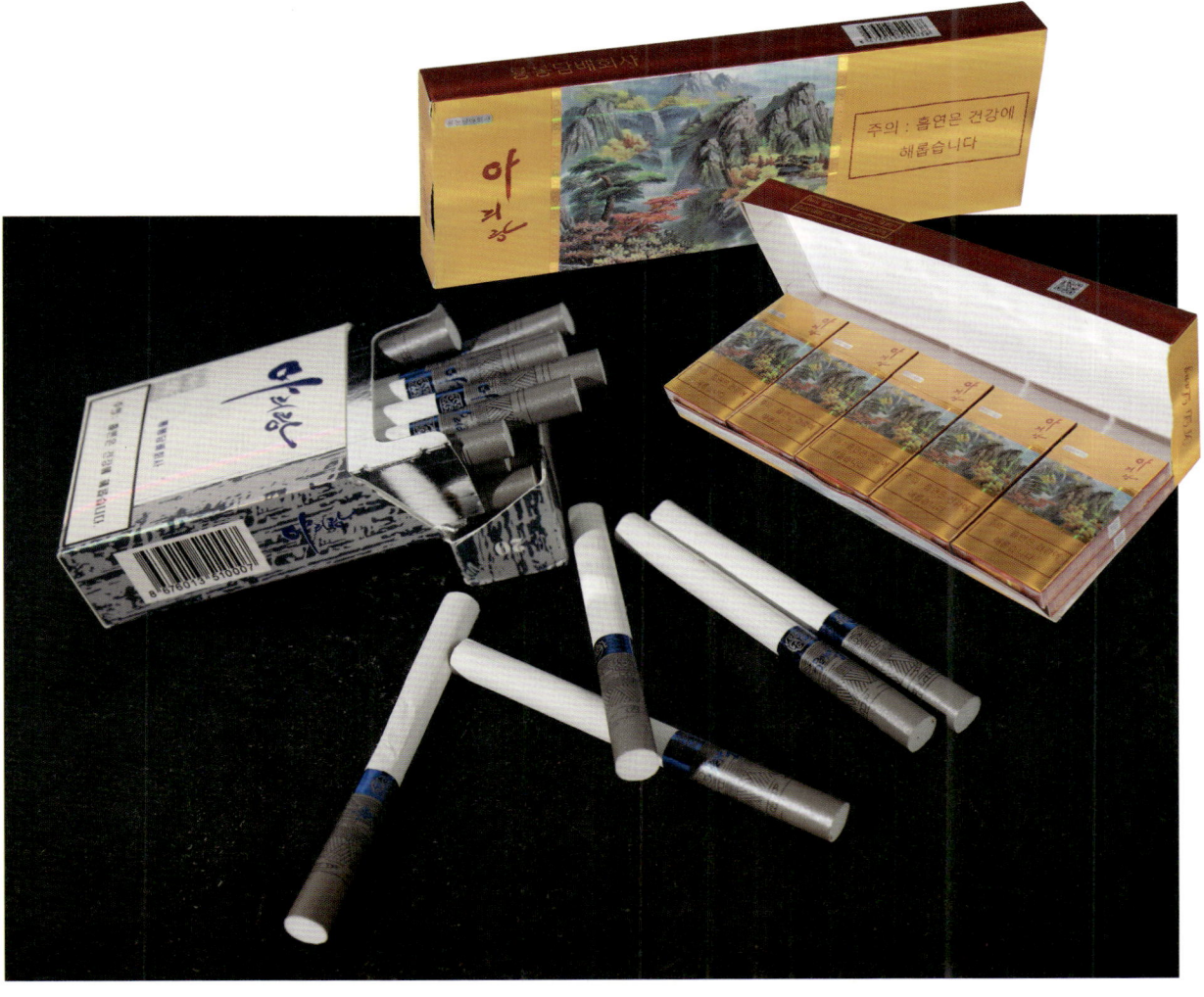

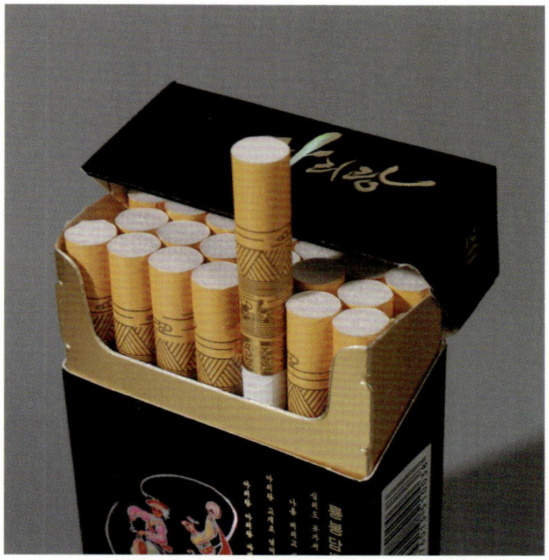

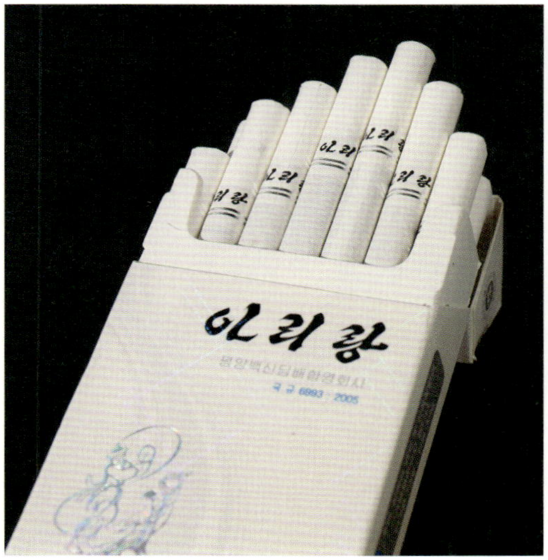

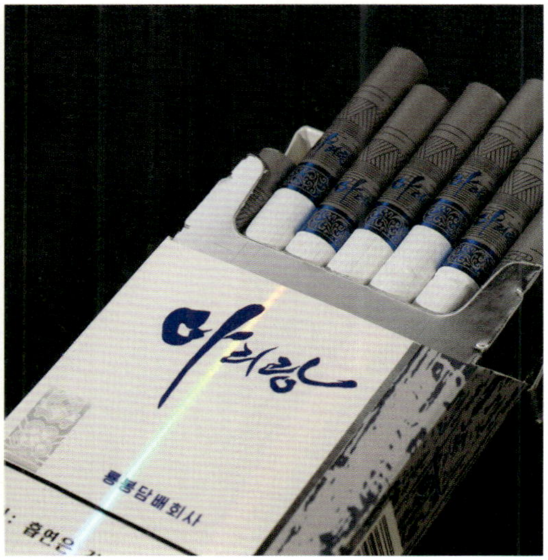

슬림형 담배로 두 종류가 생산된다. 영문표기와 함께 아랍글씨가 표기되어 있어 수출용으로 보인다. 2015년 문학예술출판사에서 발간한 장편소설 <아침은 빛나라>는 "위대하신 장군님께서 첨단돌파전을 현명하게 이끄신 내용을 형상하였다."고 소개한다.

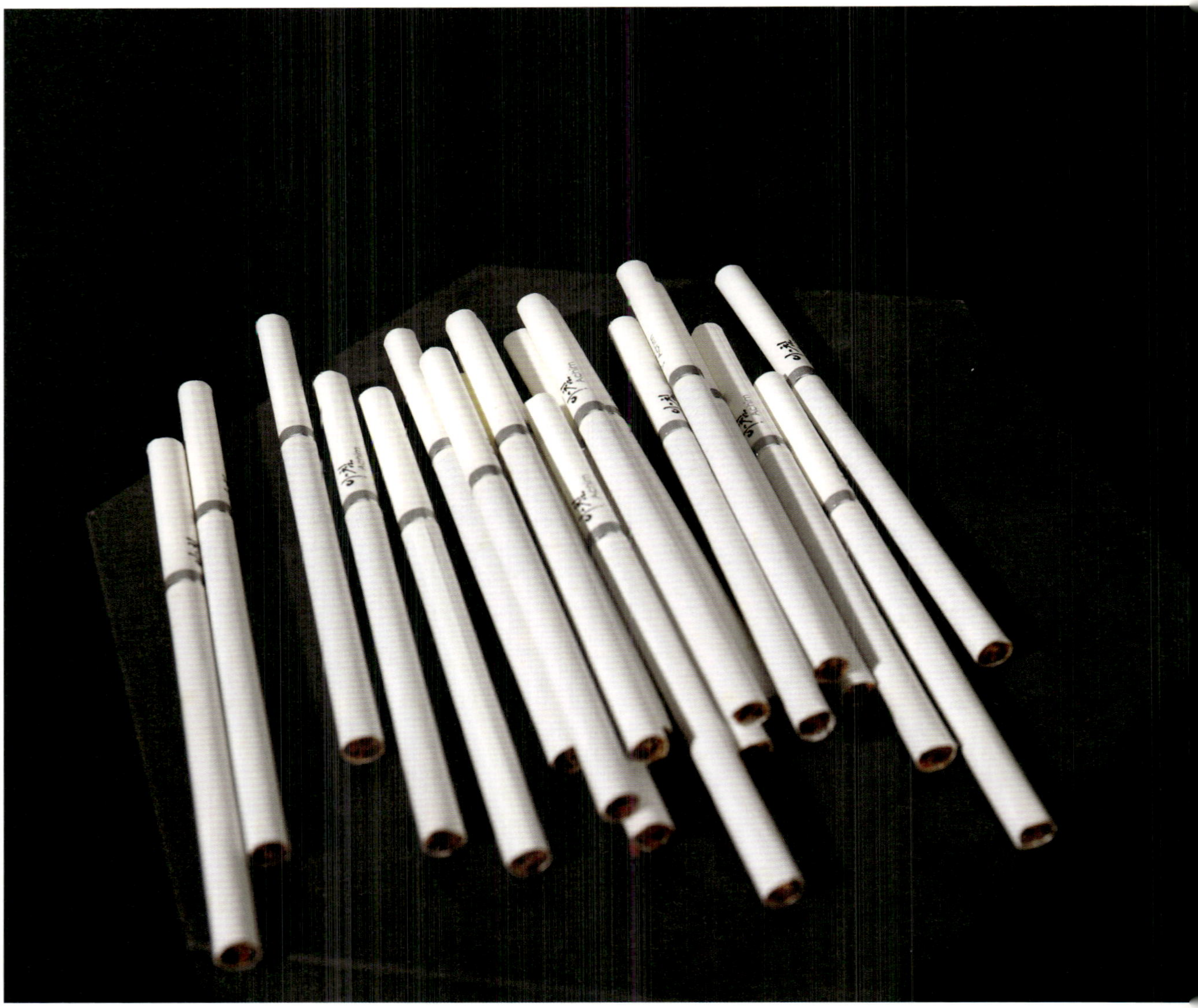

아침
Achim
ترک سیگار موجب سلامتی و
افزایش طول عمر می شود

아침
Achim
ترک سیگار موجب سلامتی و
افزایش طول عمر می شود

아침
Achim
ترک سیگار موجب سلامتی و
افزایش طول عمر می شود

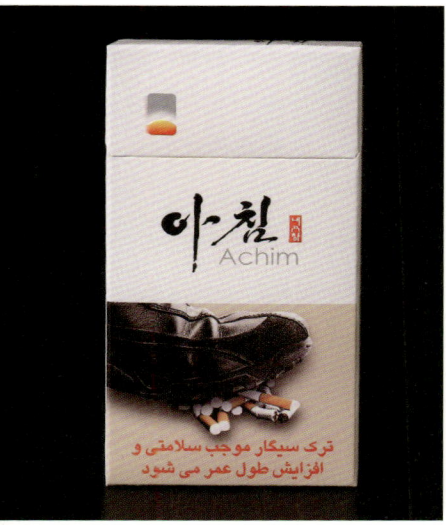

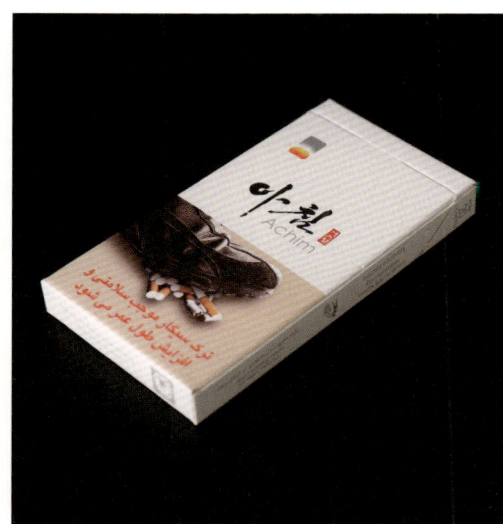

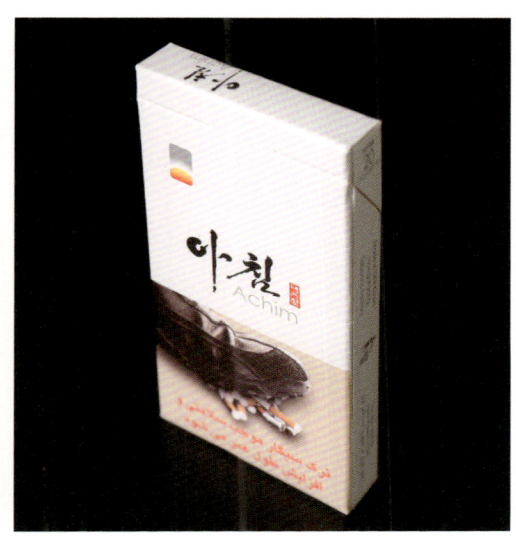

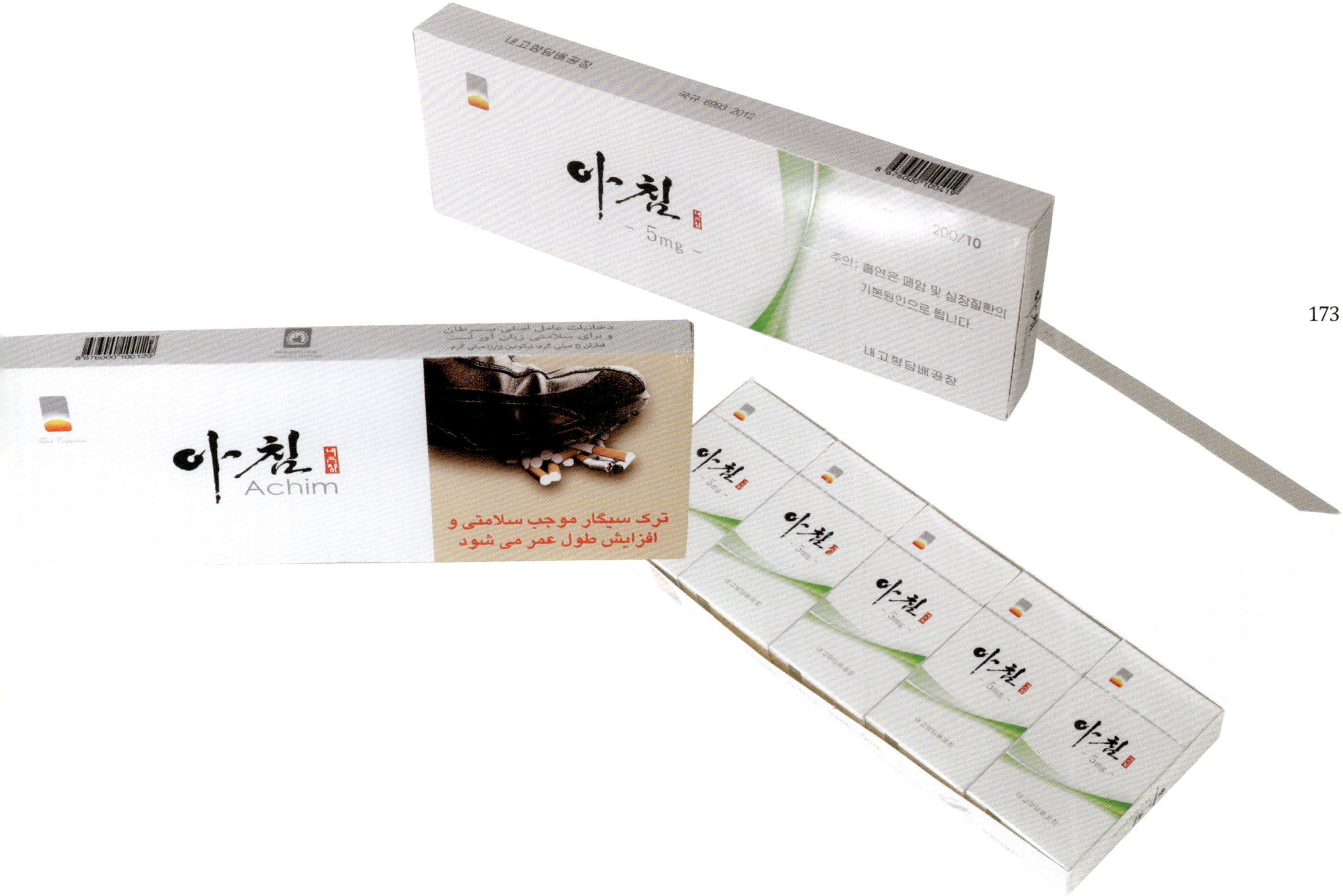
내고향담배공장
국규 6993-2012
아침
- 5mg -
200/10
주의: 흡연은 폐암 및 심장질환의
기본원인으로 됩니다.
내고향담배공장
아침
Achim
ترک سیگار موجب سلامتی و
افزایش طول عمر می شود

압록강 담배는 6종류가 생산되는데 디자인이 각각 차이가 있다. 압록강 풍경이 있는 디자인과 한글로 압록강이라는 글씨만 쓰인 디자인으로 구분된다. 특이한 건 영어로 "Amrokgang"이라고 쓴 파란색 곽포장 제품인데, 경고문구를 포함해 담배 전체 표기가 모두 영문로만 쓰였다. 제품에 따라 '압록강담배공장' 또는 '조선압록강담배공장'으로 표기되지만 영문으로는 'KOREA AMROKANG TABACCO FACTORY'로 동일하다. 2018년경부터 슬림형담배도 유통되고 있다. 이 담배에는 "압록강 이천리에 노를 저어라 얼음강을 헤치면서 때는 흐른다"는 시구가 표시되었다. 여기에서 말하는 "때"는 압록강에서 나무를 운반하기 위해 만든 뗏목을 의미한다.

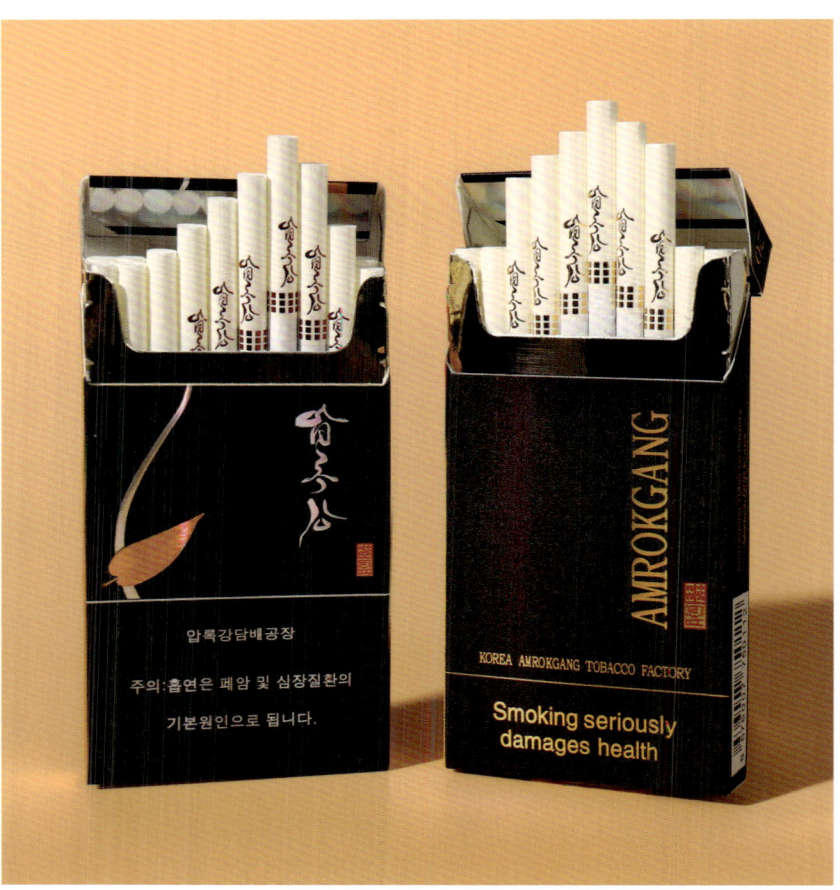

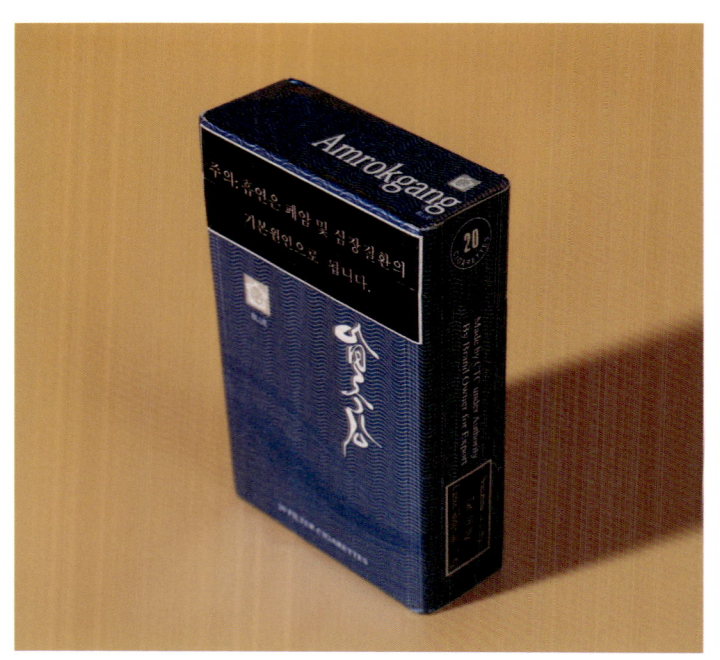

2000년 문학예술출판사에서 출간한 장편소설 <위성>은 "바다를 막고 간석지를 개간하여 더 많은 농경지를 얻기 위하여 애쓰는 항일혁명투사 오백룡을 형상하였다."고 소개한다.

진
흥

진흥담배는 모두 3종류인데, 그 중 1종류는 북한담배 디자인으로 잘 사용하지 않는 초록색 배경이다. 진흥의 "흥" 글씨체가 특이하다. 떨쳐 일어남이라는 뜻의 진흥은 북한에서 어떤 의미로 사용될까.

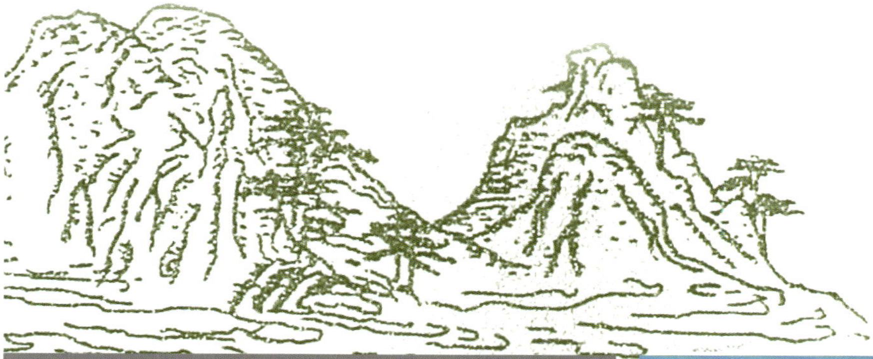

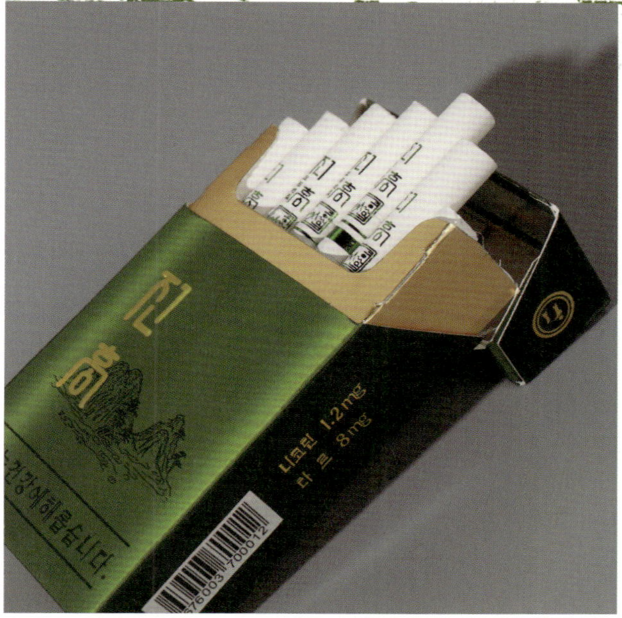

니코틴 1.2mg
타르 8mg

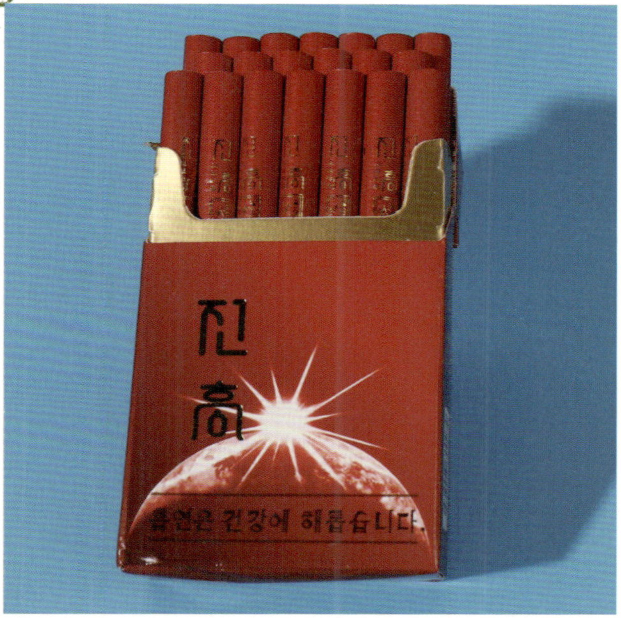

흡연은 건강에 해롭습니다.

담배는건강에해롭습니다.

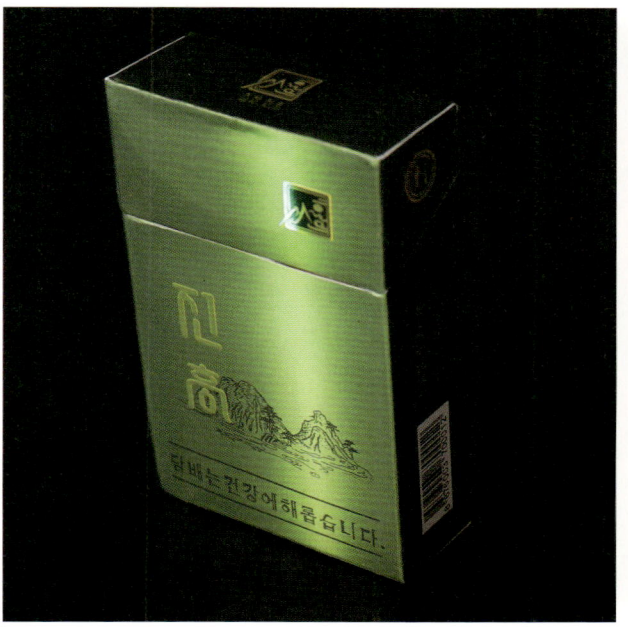

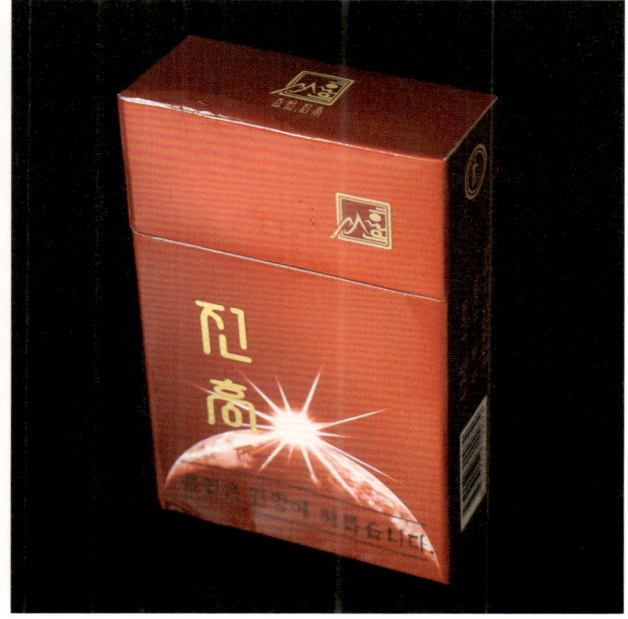

천리마

하루에 천리를 달리는 천리마와 같은 속도로 사회주의경제를 건설하자는 뜻이다.

1958년부터 본격화된 천리마운동은 대중들의 증산의욕을 고취시키는 사회주의적 노동경쟁운동의 일종이라 할 수 있다. 전국적으로 전개되어 천리마속도, 천리마직장, 천리마기수, 이중천리가작업반 등의 용어와 훈장 칭호가 등장하게 되었다. 1972년 채택된 현행 헌법에서는 "천리마운동은 사회주의 건설의 총노선이다"(제13조)라고 규정하고 있다.

2010년 금성청년출판사에서 출간한 <천리마제강련합기업소 군중문학작품집: 우리는 강선사람이다>는 "혁명적대고조의 앞장에서 달리고있는 천리마제강련합기업소 로동계급의 작품집."이라고 소개한다.

노래 <천리마선구자의 노래>

1절   백두의 정기는 넘치고 우리손으로 새사회꾸린다
        동무여 나가자 혁신의 불길이 타오른다
        위대한 수령님 부르시는 한길로
        아름다운 청-춘의 희망은 꽃피네

(후렴) 폭풍도 우리도 사나운 격랑도
        우리의 앞길을 막을자 없다네 막을자 없다네

2절   동해의 물질은 드높고
        우리 힘으로 탁원을 꾸민다
        우리는 선구자- 세기를 앞당겨 나간다
        로동당부름에 심장은 피끓고
        영원한 사랑을 조국에 바치네
        (후렴)

천지

천지 담배는 색상에 따라 3종류다. 모두 천지의 모습을 담은 디자인이다. 두 보루를 넣은 선물용 철제부·스제품이 있는데 사은품으로 천지라고 새겨진 라이터도 포함되어 있다. 2007년 문학계술출판사에서 출간한 장편소설 <천지>는 "위대한 수령님께서 항일무장 투쟁시기 백두산을 중심으로 혁명활동을 전개하신 내용을 형상하였다."고 소개한다.

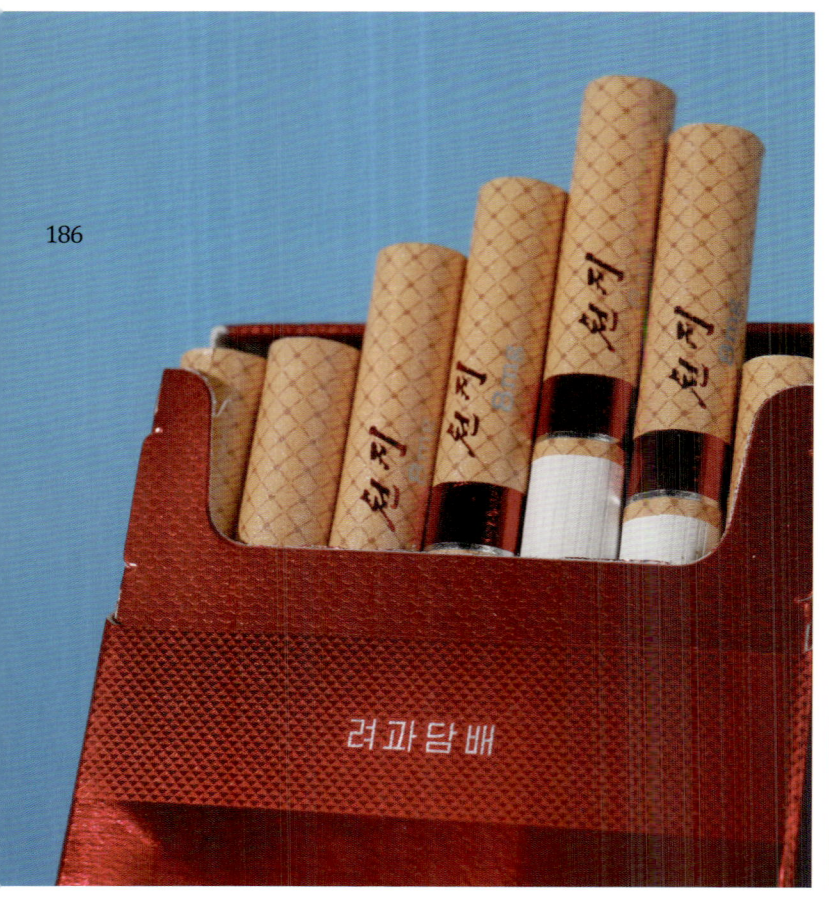

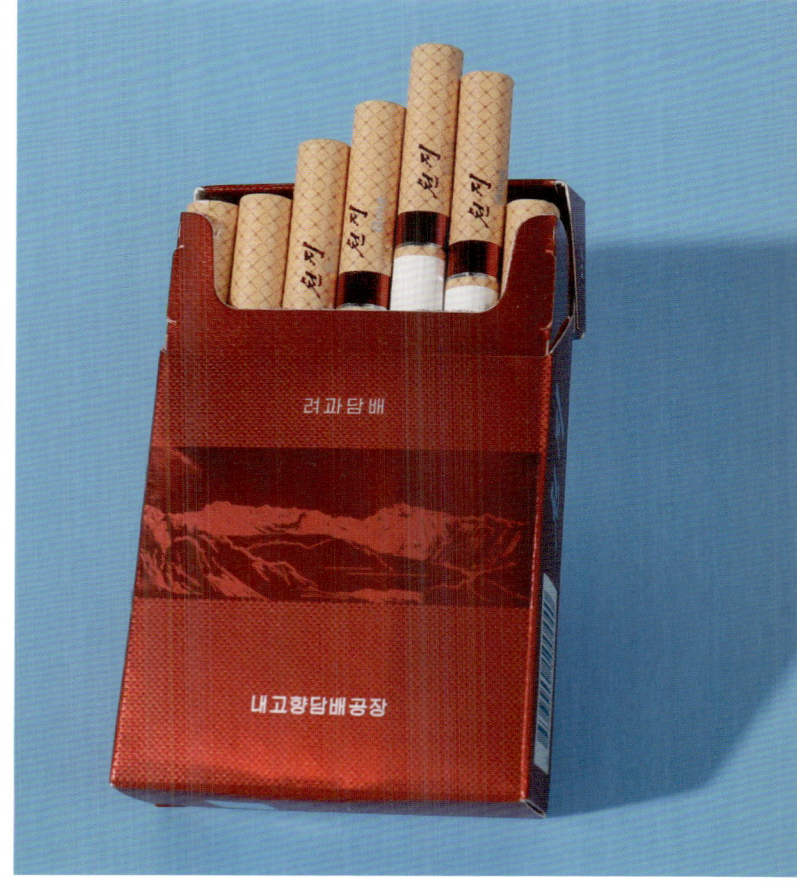

주의: 담배는 폐암 및 심장질환의
기본원인으로 됩니다.
Chonji
10/200
천지
천지
Chonji
CIGARETTES
200
KING SIZE

천지
천지
Chonji

천지

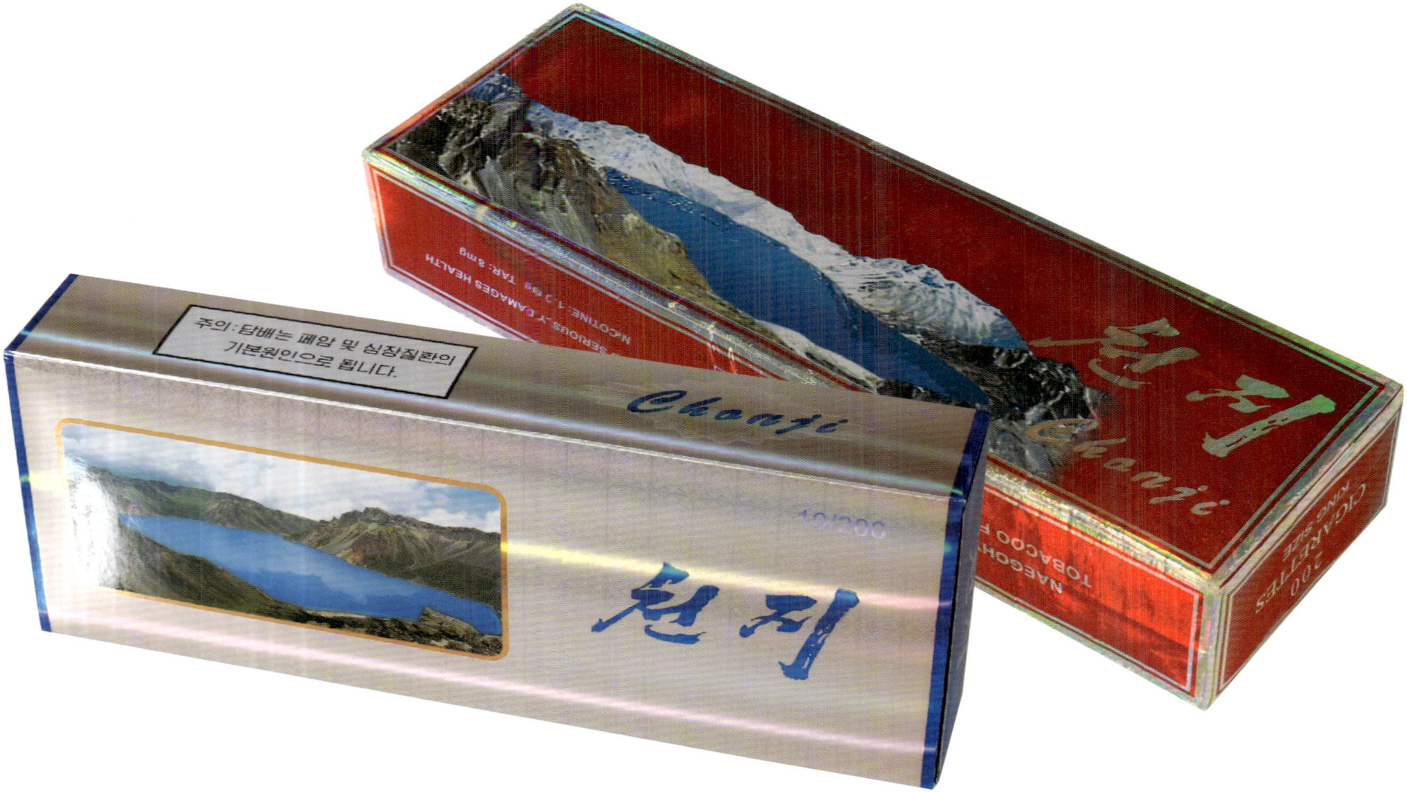

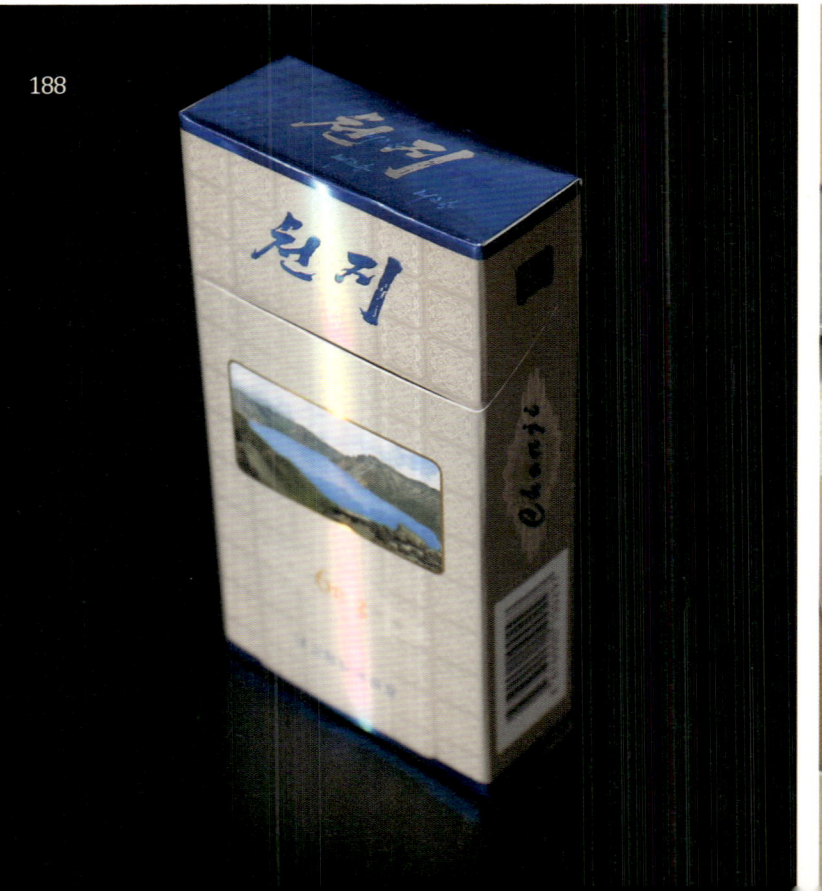

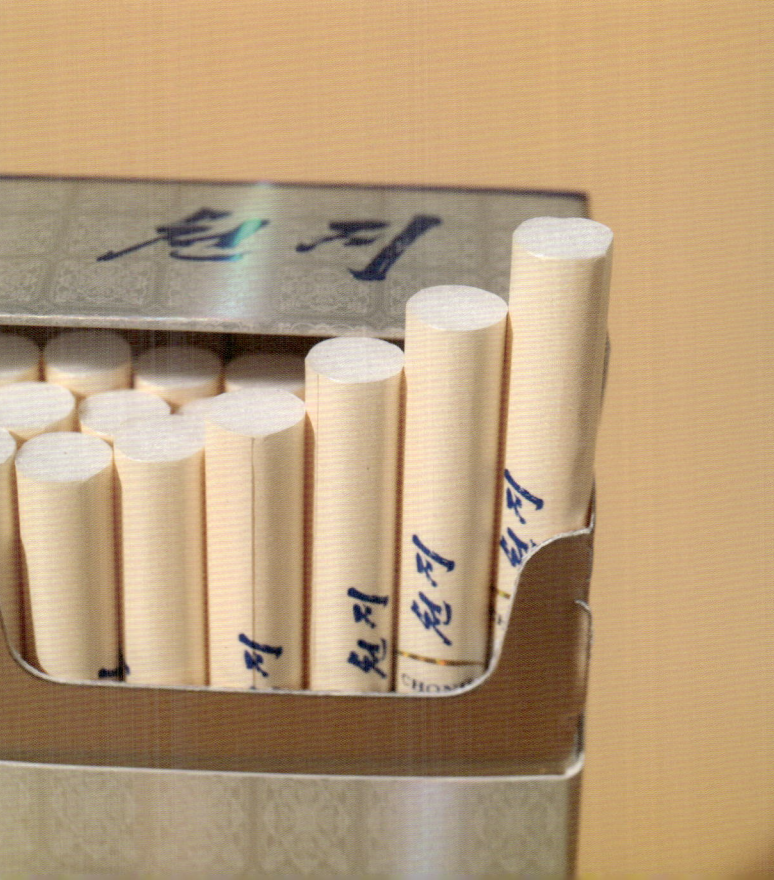

칠 성

칠성 담배는 6종인데, 일곱개의 별이 모두 그려져있다. 북한에서 별은 주로 김일성과 김정일의 우상화를 위한 상징적 의미다. 북두칠성 디자인은 북한의 국가우주개발국(NADA·National Aerospace Development Admin) 로고에서 찾을 수 있다. 2014년 3월 31일 조선중앙통신은 로고에 그려진 북두칠성에 대해 "새겨진 북두칠성은 김일성, 김정일조선을 우주강국으로 빛내려는 우주과학자들의 신념과 의지를 보여주고 있다."며 "바탕색인 진한 푸른색은 젊음이 약동하는 공화국의 평화로운 우주개발 성격을, 연한 푸른색띠의 위성자리길은 우주의 모든 궤도에 공화국의 위성을 계속 쏘아올리려는 우주개발전망을 보여주고 있다."고 했다. 한편, 영국 가디언지 인터넷판은 '북한이 NASA의 로고를 흉내낸 듯 하다(North Korea appears to ape Nasa with space agency logo).'는 제목의 기사에서 NADA와 NASA의 로고를 비교했다. 신문은 우선 두 로고가 모두 푸른색 계열의 지구를 형상화 한 원을 배경으로 삼은 것을 지적했다. 또 'NASA'와 'NADA'의 글씨가 모두 흰색으로 쓰여져 있으며 문자의 배열과 로고에 그려진 고리의 분위기도 눈에 띄는 부분이라고 설명했다.[5]

5) 英 매체 "北 우주개발국 로고, 美 'NASA' 베낀 듯", 「뉴스 1」, 2014년 4월 2일.

사진: 북한의 국가우주개발국 로고

문학부분에서는 <북두칠성>이라는 제목의 장편소설이 있다. 2009년 금성청년출판사에서 발간한 소설은 "조국해방전쟁시기 당과 혁명임무에 무한히 충실하였던 공화국영웅인 간호원 안영애를 형상하였다."고 한다.

또한 같은 시기 문학예술출판사에서 출간한 <서사시: 북두칠성>은 "위대한 령도자 김정일 동지께서 혁명가극 <<당의 참된 딸>>을 명작으로 지도하여 주신 령도업적을 서술하였다."고 한다.

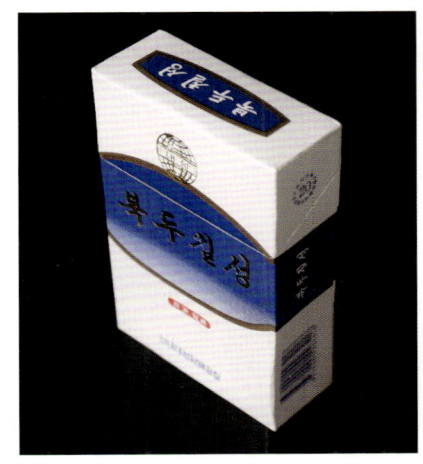
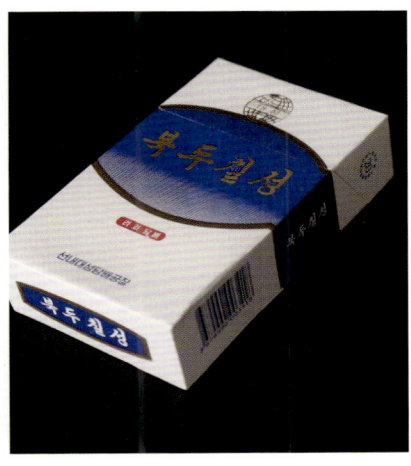

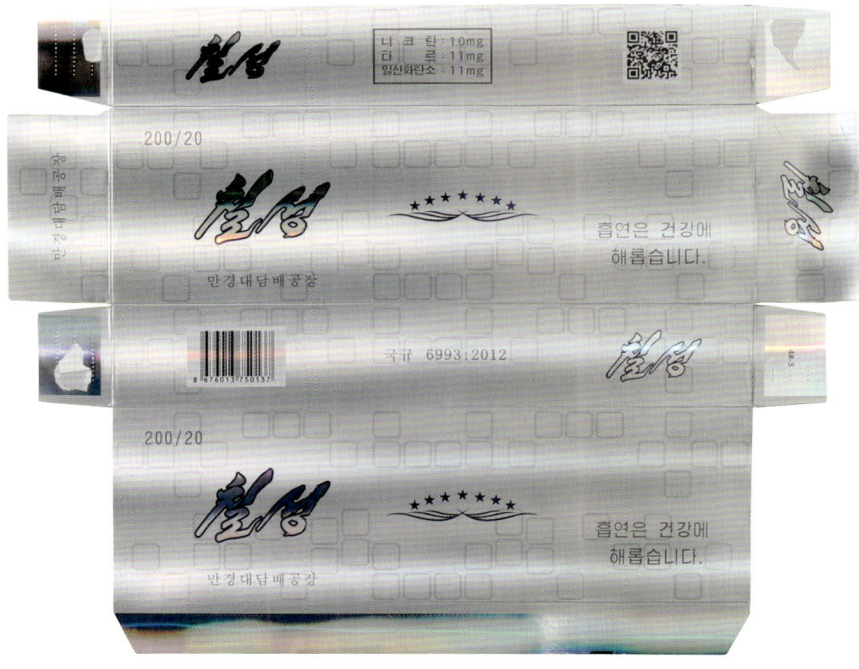

타조라는 상표명 때문인지 포장지에는 실제로 타조 그림이 그려져 있다. 붉은색과 파란색 바탕으로 구분되는 2종류가 있다. 북한은 2000년대 이후 타조산업을 적극 육성해 20여 가지가 넘는 타조요리와 가공식품을 개발했다. 약산식당, 연풍식당 등 타조요리 전문 식당까지 운영할 정도다.

조선중앙통신(2015년 5월 9일자)에 따르면 '평양 교외 타조목장에서 사육한 타조가죽으로 만든 가방과 신발을 소개하며 이곳 종업원들이 타조를 더 많이 길러내 인민생활향상에 기여하기 위해 노력하고 있다."며 타조사육을 선전한다. 북한의 타조사육은 김정일 시대로 거슬러 올라간다. 2000년 10월 김정일은 평양시 교외 한 타조목장을 현지지도 하면서 "타조는 사료를 적게 먹으면서도 많은 고기와 알, 질 좋은 가죽과 털을 생산하므로 수익성이 대단히 높은 짐승"이라며 타조사육을 지시했다고 한다.

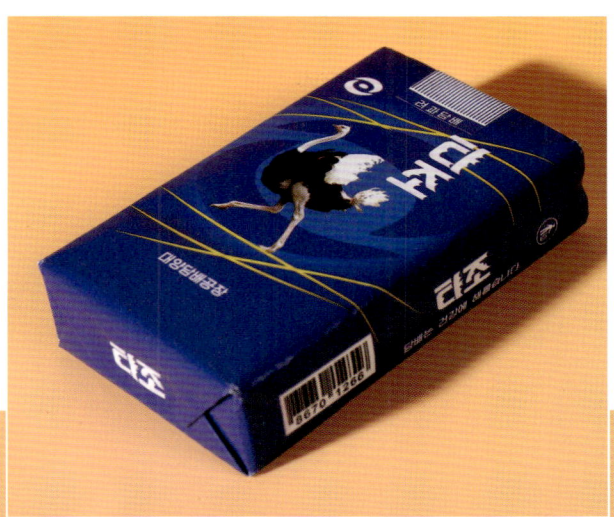

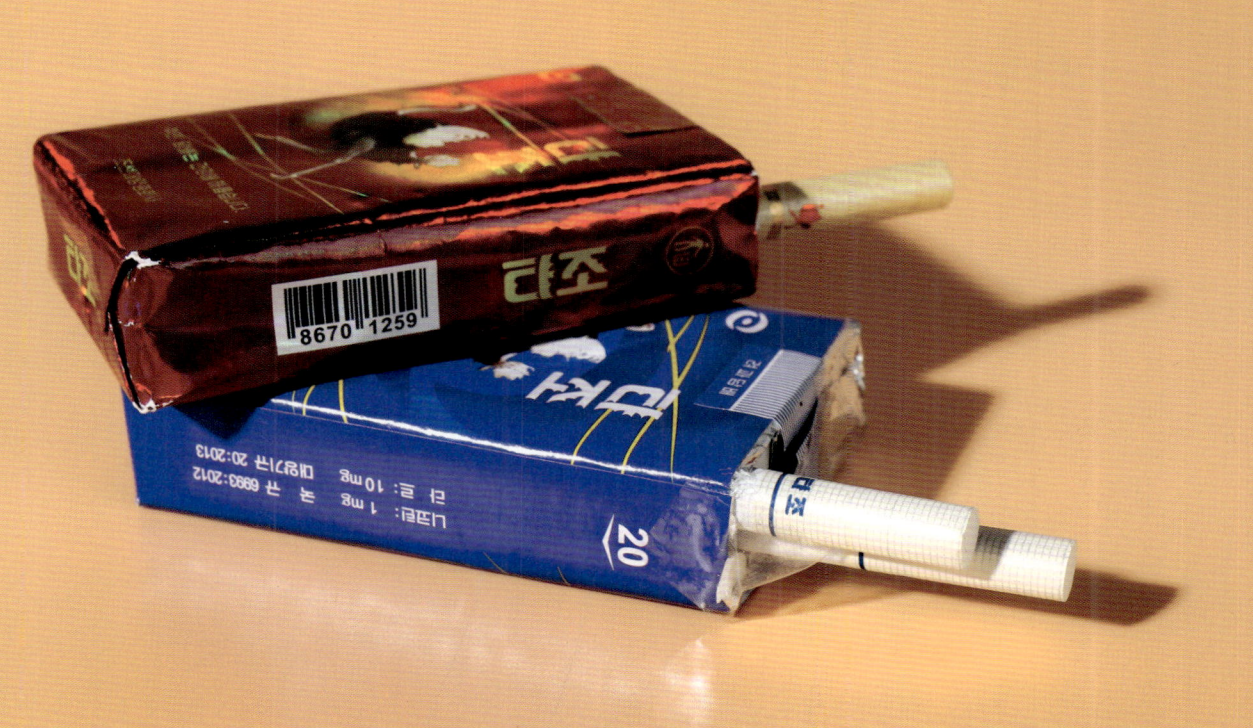

평양에서 23km 떨어져 있다. 태성기계공장은 북한 평안남도 남포시 잠진리에 위치한 미사일 공장으로 잠진미사일공장으로도 부른다. 북한에서 가장 오래된 탄도미사일생산 시설로 알려져 있다. 2016년 3월 2일 김정은은 태성기계공장을 현지지도 했다.

려과담배
대성담배공장
흡연은 건강에
해롭습니다.

흡연은 건강에
해롭습니다.

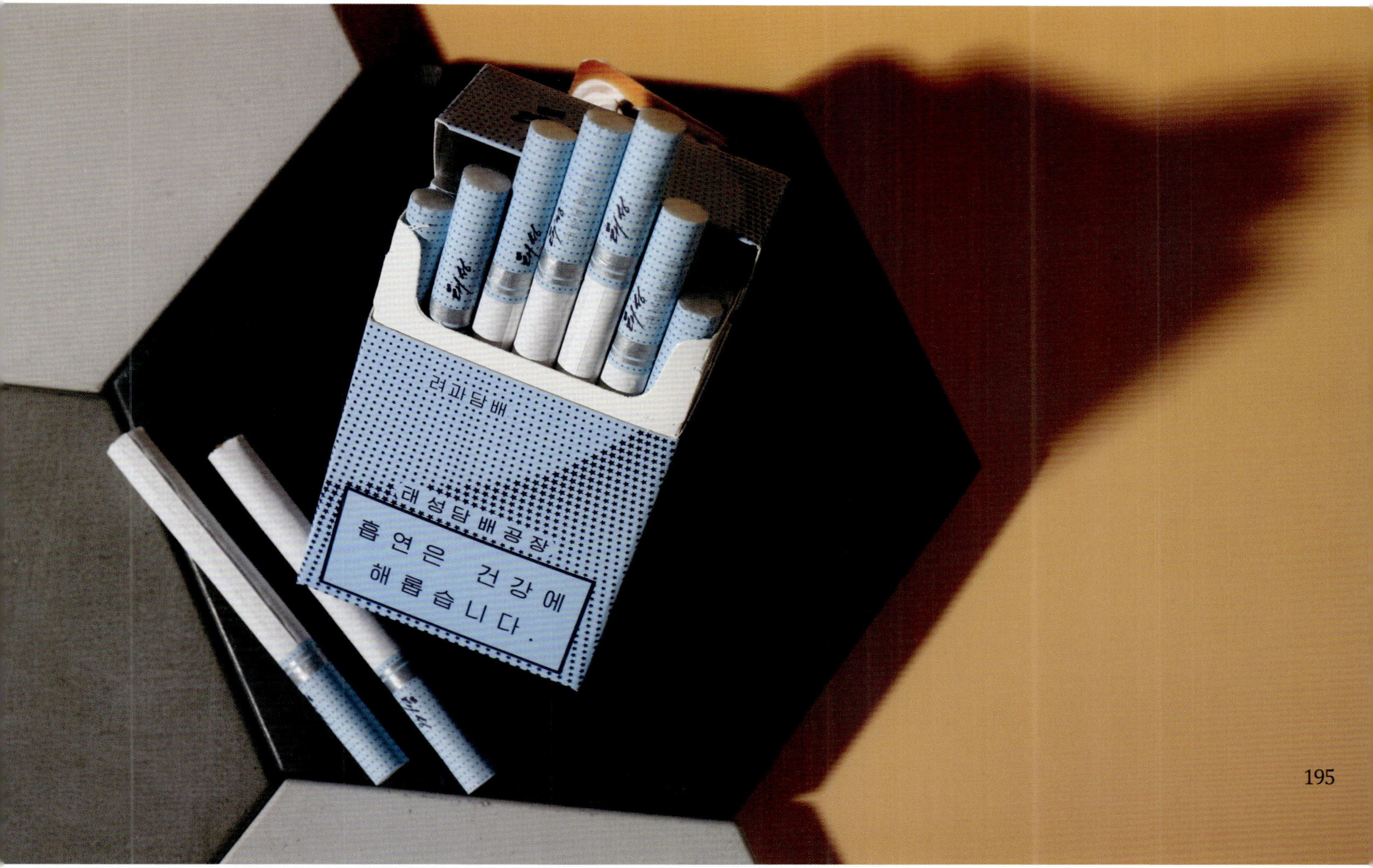

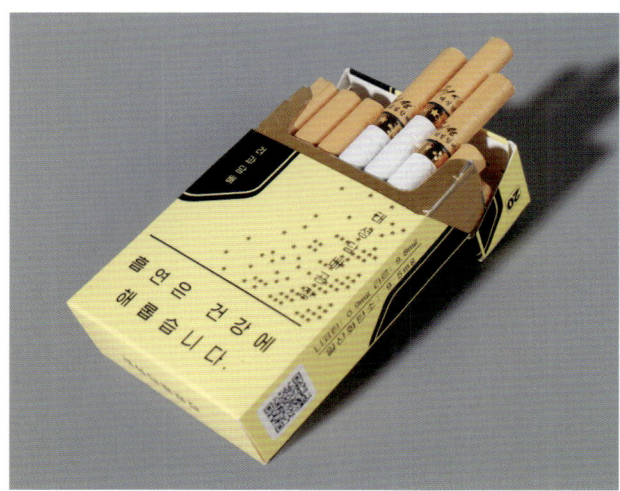

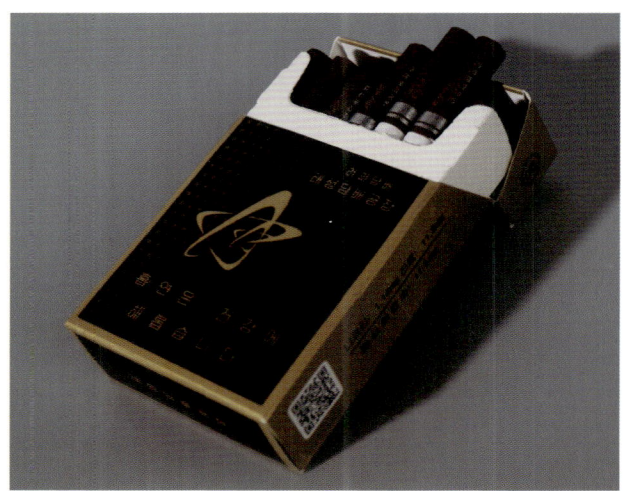

평양

평양담배는 3종류로, 담뱃갑의 디자인은 인민대학습당을 형상화 한 것이다. 기록영화 <번영하는 평양>은 김정은 집권 이후 평양의 모습을 담았다. 1999년 국가관광국에서 출판한 <평양> 안내책자에는 평양을 "공원속의 도시, 오랜 역사의 도시, 청춘도시"로 표현했다.

평양

김석주

이 땅에선
만수대언덕에 붉은 노을이 비껴
맑은 하늘이 열리고
조선의 아침이 시작된다.

청신한 대기를 흔들며
학습당의 은은한 종소리 울릴 때면
먼 두메산촌 외진 섬마을아이들도
그 시각에 교문에 들어선다.

평양
그대는 모든 생활의 시작점
여기서 나라길이 시작되여
천갈래 만갈래
강토의 기슭까지 뻗어갔다

여기서 력사의 어제와 오늘이
여기서 이 땅의 암흑과 광명이 뒤바뀌였나니
평양이여
그대를 떠나 조선을 말할 수 있으랴

만경대를 떠나시는 우리 수령님을
처음으로 바래드린것도 그대였고
광복의 새날을 안고오신 그이를
처음으로 맞이한것도 그대였다.

아, 평양
백두산에 있던 혁명의 사령부
영원히 자리잡은 곳
혁명의 붉은 기발을 날리며
우리 당중앙이 여기 있어라

새벽마다 누리를 향해
그 정다운 창문이 열리면
온 나라 창문들이
평양의 하늘을 향해 열리나니

여기서 온 나라에 울려간
우리 당의 목소리
천만의 심장에 맥박쳐
억만줄기 벅찬 생활의 흐름이 되고
행복의 재부가 되어 이 강의 기슭까지 넘친다

평양 그대는
번영하는 조국에 거창한 숨결을 주고
민족의 가슴에 불굴의 넋을 주는
그 모든 것의 시작점!
그 모든 것의 중심이며 혁명의 심장!

그대 있어
조선이 있고
빛나는 그대 있어
조선의 영광은 영원하리라
아, 평양 평양이여

출처: 김석주, 「시집 생활의 먼길이 부른다」, 「평양: 문학예술출판사, 2019).

영화 - 번영하는 평양

영화는 경애하는 최고령도자 김정은동지의 현명한 령도아래 불과 몇년사이에 인민의 모든 꿈이 현실로 펼쳐지는 인민의 수도로 눈부신 번영을 이룩하고있는 평양의 모습을 소개하였다.

평 양

려과담배

주의 흡연은 페암 및 심장질환의
기본원인으로 됩니다.

니코틴: 1.0mg 타르: 10mg

200/20

평양백산담배합영회사

등록번호: 6993 : 2012

293×373

평 화

담뱃갑에는 평화를 상징하는 비둘기를 그려 넣었다. 북한이 주장하는 평화는 진정 어떤 평화일까? "오직 핵으로만 자식들을 지키고 인류의 평화를 지킬 수 있음을..."이라고 표현한 시구에서 그 의미를 엿볼 수 있을 것 같다.

오직 핵으로만...

정과 사랑만으로 자식들 지킬수 있다더냐
정과 사랑을 재운
힘, 힘이 있어야 한다
행성의 가장 악랄한 악의 무리
미제승냥이 핵몽둥이 휘두르며
자식들 따스한 요람 짓뭉개려 달려들어

백두령장은 선언하신다
핵에는 핵으로
경제건설과 핵무력건설 병진
쌍기둥이 사회주의대가정을 떠받들었다
소형화 경량화 다종화된 핵탄두로
미국본토도 드갈기게 됐나니

우주의 저 한끝까지 솟구쳐오른
인민의 긍지여 자부여
이제는 우리도 적대세력들과 당당히 맞서
자기의 존엄을 지켜나갈수 있게 되었다
세계정치가 조선을 중심으로 흐른다

그이는 핵으로 우리의 집을 지키는
정의와 평화의 수호자
오직 핵으로만 자식들을 지키고
인류의 평화를 지킬 수 있음을
철의 진리로 력사에 새겨주신 절세의 위인

출처: 리일섭 편집, 「<시집> 선군조선의 태양을 우러러(5) 만리마시대」(문학예술출판사, 2017)

하나담배는 모두 세 종류인데 그 중에 황금색 포장 담배는 슬림형 제품이다. 북한에서 "하나"라는 북한에서 "하나"라는 명칭의 의미는 아마도 <우리는 하나>라는 노래에 잘 담겨 있다. 담뱃갑에는 실제로 한반도 지도가 그려져 있다.

우리는 하나

노래 <우리는 하나>

1절 하나 민족도 하나 하나 피줄도 하나
    하나 이땅도 하나 둘이되면 못살 하나
    긴긴세월 눈물로 아픈상처 씻으며
    통일의 환희가 파도쳐 설레이네
    하나 우리는 하나 태양조선 우리는 하나

2절 하나 언어도 하나 하나 문화도 하나
    하나 력사도 하나 둘이 되면 못살 하나
    백두에서 한나까지 분단장벽 허물며
    통일의 열풍이 강산에 차넘치네
    하나 우리는 하나 태양조선 우리는 하나

3절 하나 소원은 하나 하나 대국은 하나
    하나 뭉치면 하나 둘 합치면 더 큰 하나
    찬란한 태양이 삼천리를 비치여
    통일의 아침이 누리에 밝아오네
    하나 우리는 하나 태양조선 우리는 하나

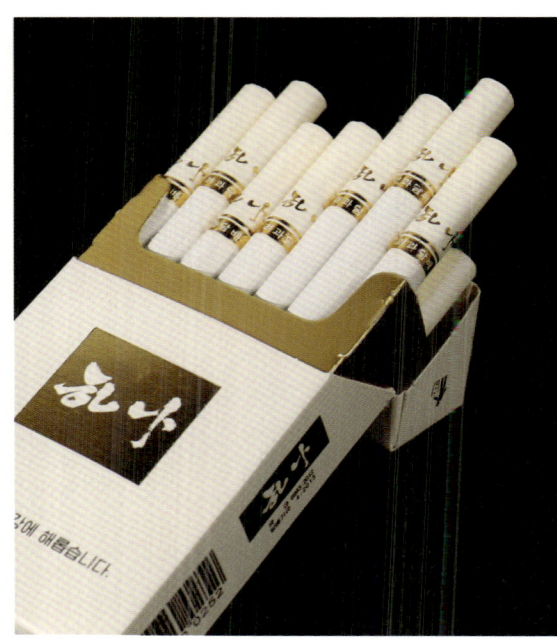

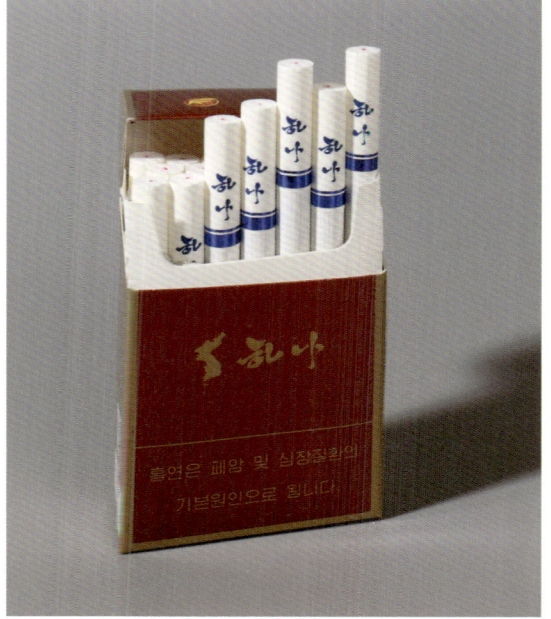

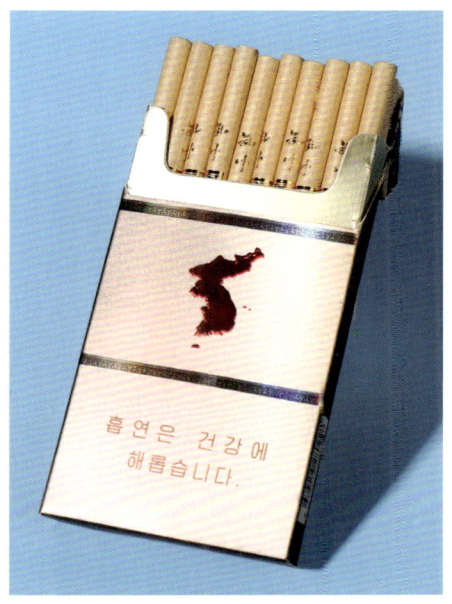

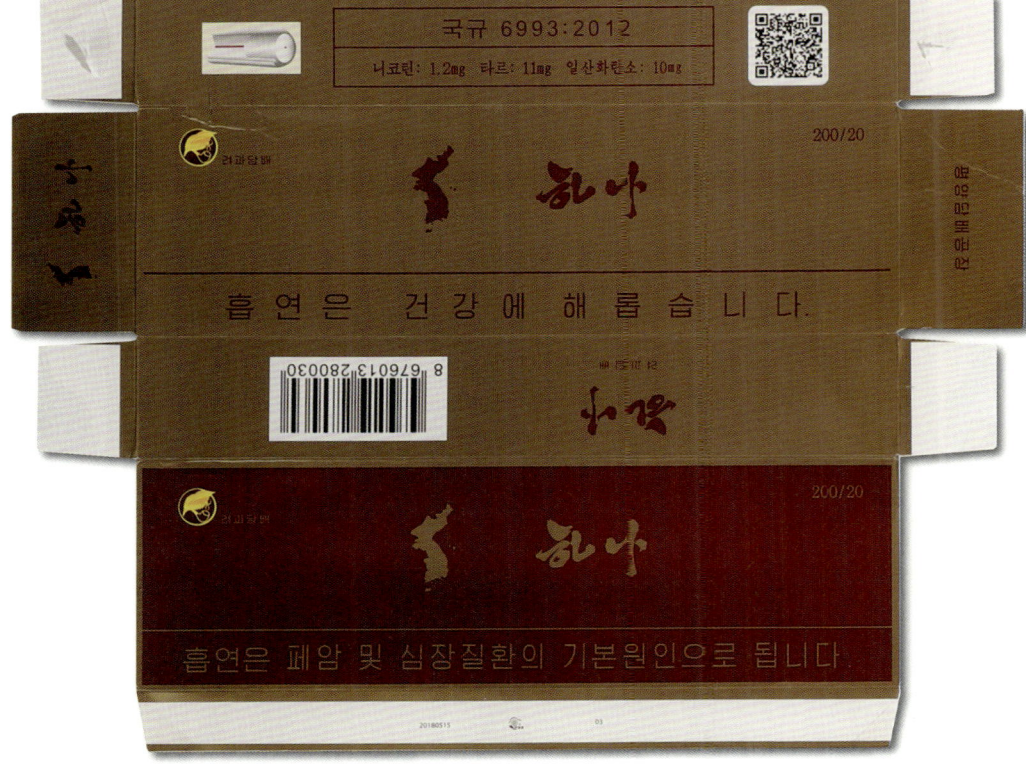

항 공

항공담배는 디자인과 색상이 다른 4종류가 생산된다. 특이한 건 4종류 모두 공장이 다르게 표기되었다는 점이다. 노란색 바탕에 비행기와 지구본이 그려진 담배는 룡성담배공장, 검정색 바탕에 영문으로만 표시된 제품은 조선항공무역회사((KOREA HANG-GONG TRADING COMPANY)로 표기되었다. 나머지 두 종류의 담배는 각각 '고려항공회사'와 '항공담배공장'이라는 문구가 새겨졌다. 빨간색과 파란색 배경색만 다르고 고려항공 마크가 새겨진 비행기 디자인은 동일하다. 특히, 파란색 곽포장은 '항공'을 'HANGGONG'이라 쓰고 경고문구 역시 영문으로 표기되었다는 점에서 수출용으로 보인다. 담배포장 옆면에 바코드와 함께 QR코드가 들어간 것도 다른 담배와 구별되는 특징이다. 담배 한개비 마다 고려항공(AIR KORYO)이라 쓴 글귀와 로고 그리고 '항공'이라는 글귀를 새겨 넣었다. 북한에서 항공과 관련해서는 '길영조'라는 인물을 빼놓을 수 없다. 2014년 4월 북한은 역사상 처음으로 제1차 비행사대회를 개최했다. 김정은의 아이콘인 모란봉악단 축하공연까지 개최할 정도로 성대하게 치러진 행사였다. 2014년 4월 22일 노동신문 보도에 따르면 제1차비행사대회에서 길훈 조종사가 충성맹세 연설장면을 실었다. 길훈 조종사는 북한에서 '육탄영웅'으로 알려진 길영조 조종사의 아들이다. 길영조는 1993년 12월 강원도 원산시 갈마비행장에서 출격해 비행훈련 도중 고장 난 비행기를 버리고 탈출할 수 있었음에도 주민 거주지역에 피해를 줄 것을 우려해 그 지역을 벗어나다가 비행기와 함께 추락, 사망했다. 당시 북한은 길영조가 원산시내의 김일성 동상 주변에 비행기가 추락할 것을 우려해 기수를 돌리다가 기체와 함께 자폭했다고 주장하며 다음 해 5월 그에게 '공화국 영웅' 칭호를 수여하고 '수령 결사옹위의 귀감'으로 내세웠다.[3]

6)「연합뉴스」, 2014년 4월 22일.

영화 - 비행사 길영조

비행구분대 편대장인 길영조는 대렬기비행사 윤철을 비롯한 비행사들을 훌륭한 비행사들로 키우기 위해 애쓴다. 그의 피타는 노력으로 비행편대는 어버이수령님과 위대한 장군님을 모시고 진행하는 조선인민군열병식 및 무력시위에 참가하게 된다. 이러한 때 적들의 무장함선이 우리측 령해에 불법 침입하는 사건이 발생한다. 전투명령을 받은 비행편대는 즉시 출격하여 적의 함선을 바다속에 수장해버리나 전투도중 주인공은 타박을 입고 열병식에 참가 할수 없게 된다. 언제나 위대한수령님과 위대한 장군님을 한번만이라도 몸가까이 뵈옵는 것을 간절한 소원으로 간주하고있던 그는 평양 하늘을 우러르며 뜨거운 눈물을 흘린다. 이러한 소원을 가슴에 안고 사는 길영조이기에 그후 훈련도중 비행기 사고로 생명이 위험한 순간에도 위대한 수령님의 동상과 인민의 생명재산을 위해 한목숨을 서슴없이 바친다.

210

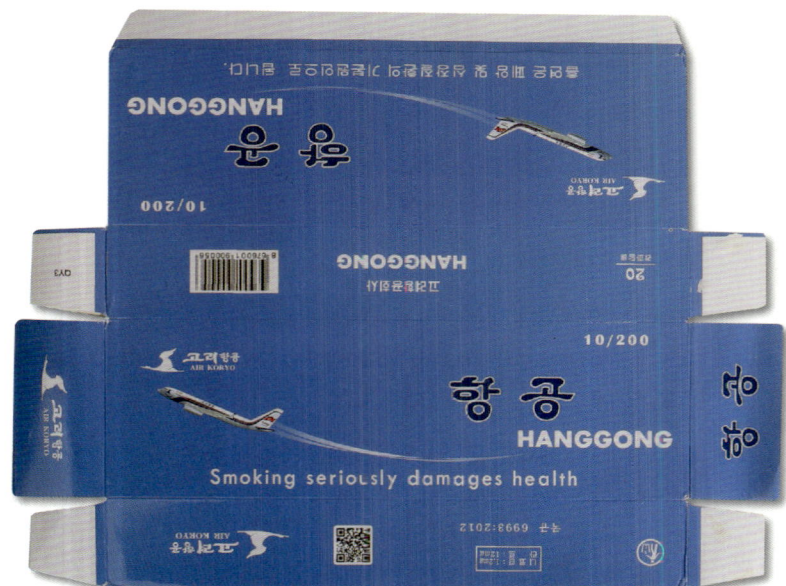

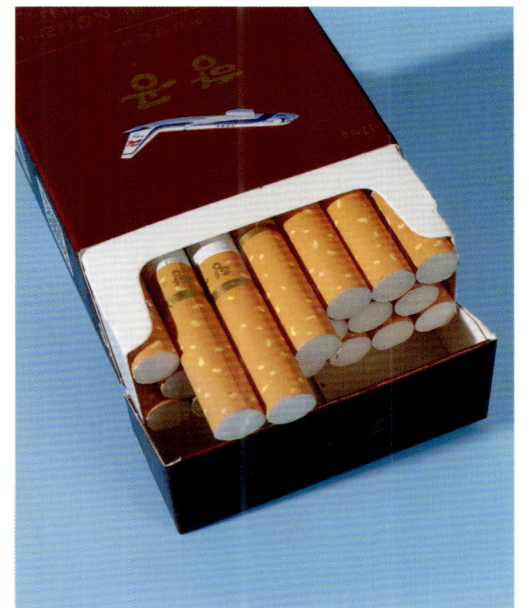
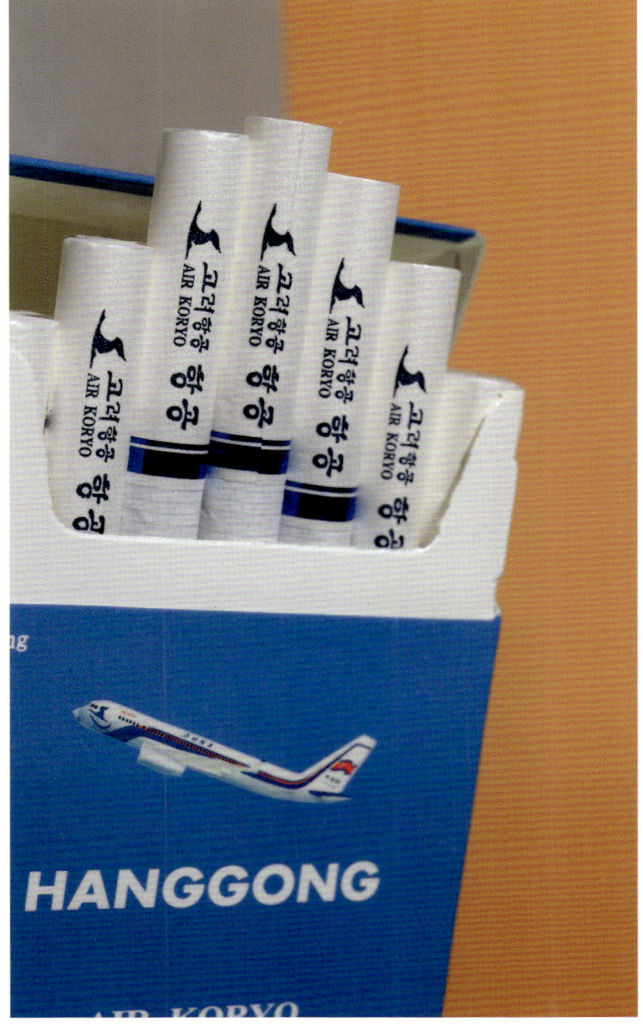

호랑이

호랑이 담배는 두 종류인데 붉은색 바탕에 노란색으로 호랑이라고 쓴 제품은 곽포장이 아닌 종이포장이다. 담배값에 호랑이 그림이 그려져 있다. 호랑이는 북한에서 어떤 의미일까? 아래 시를 보면 "백두산 호랑이병사"라는 표현이 눈에 띈다.

중략

.
.
.

아. 경애하는 김정은 원수님이시여
이 광장에서 우리 백발전쟁로병들이
오늘은 백두산 호랑이병사로 다시 태여났습니다
영원한 조선의 승리를 떨치려 보무당당히 지축을 울리며 나아갑니다.
출처: 현창성, 「로병의 노래(시집)」(문학예술출판사, 2018).

북한 OO지역 다리위에서 담배를 파는 여성
(2019년 2월 6일, 필자직접촬영)

cig · ar · ette
II. 그 밖의 담배

동양

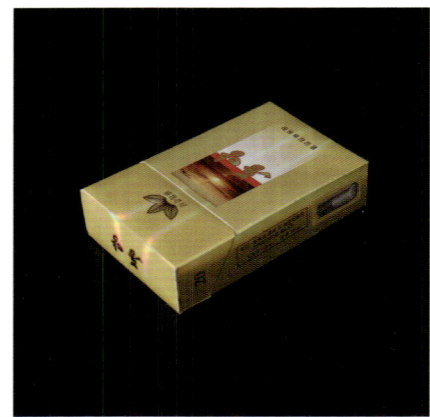

룡흥

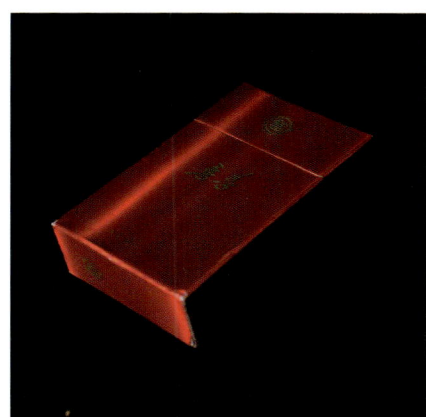
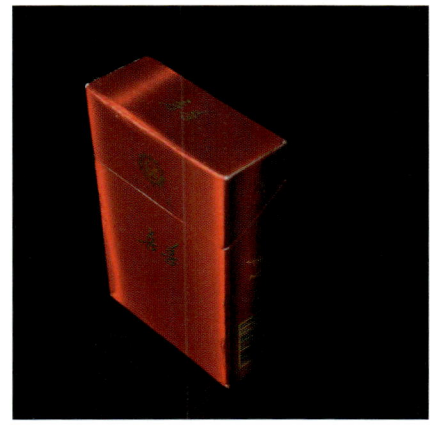

메아리

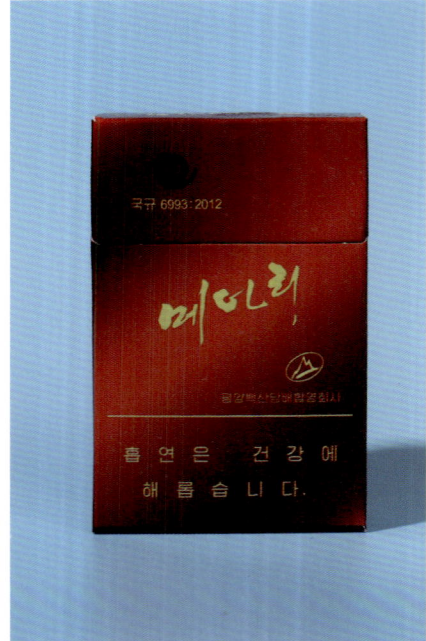

명마

방패

번영

봄

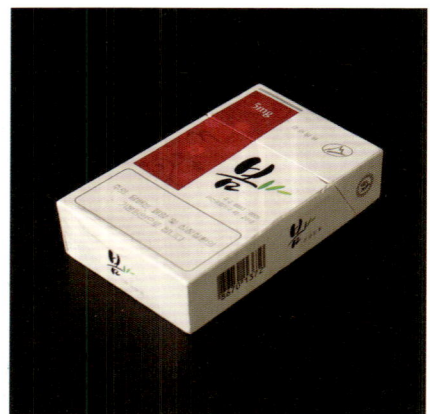

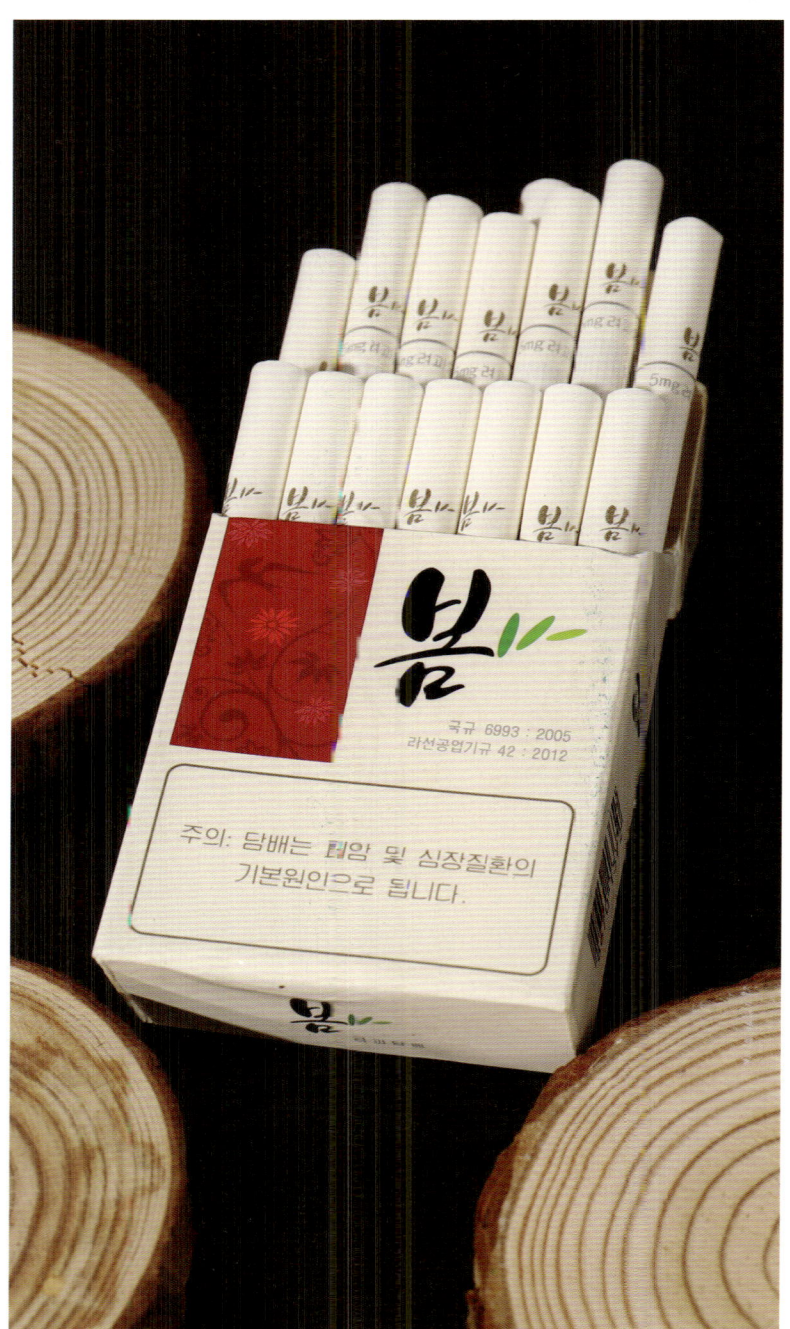

봄맞이

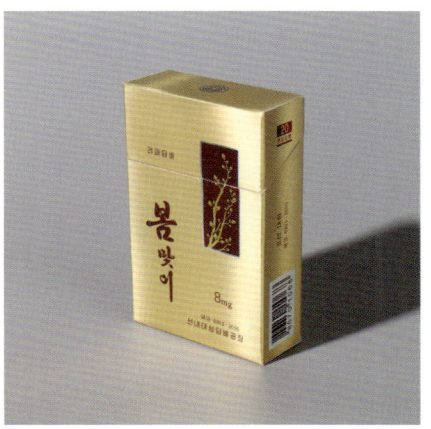

북두칠성

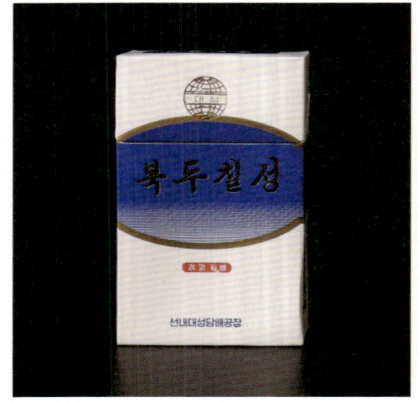
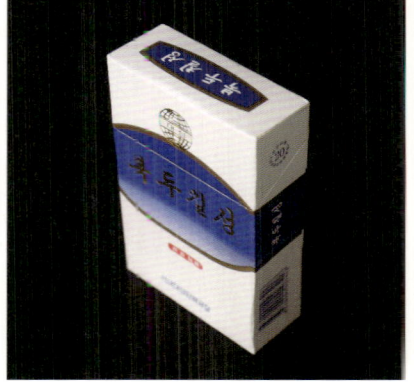
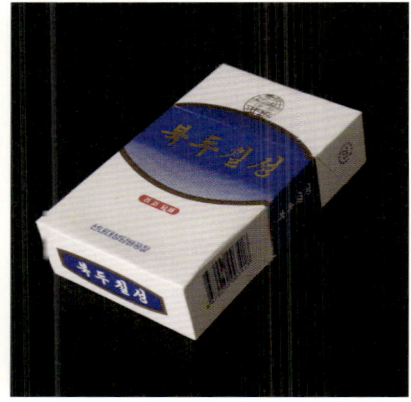

새벽

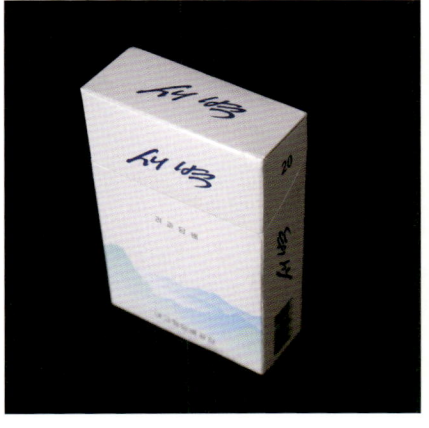

선봉

송악(노란색)

송악(붉은색)

영광

인삼담배

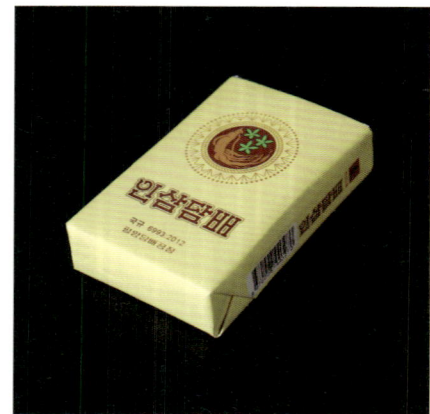

장백산(북한 시장에서 유통중인 중국담배)

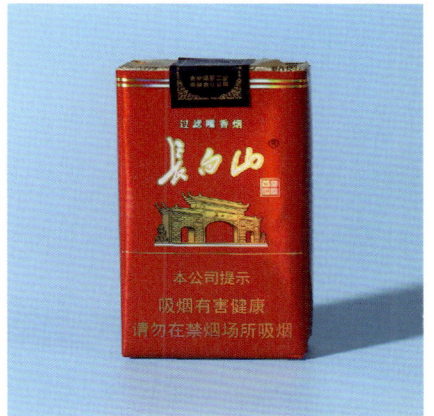

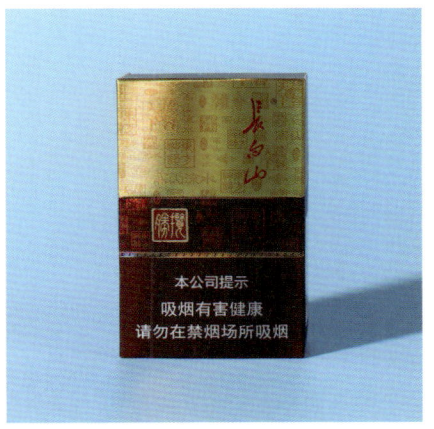

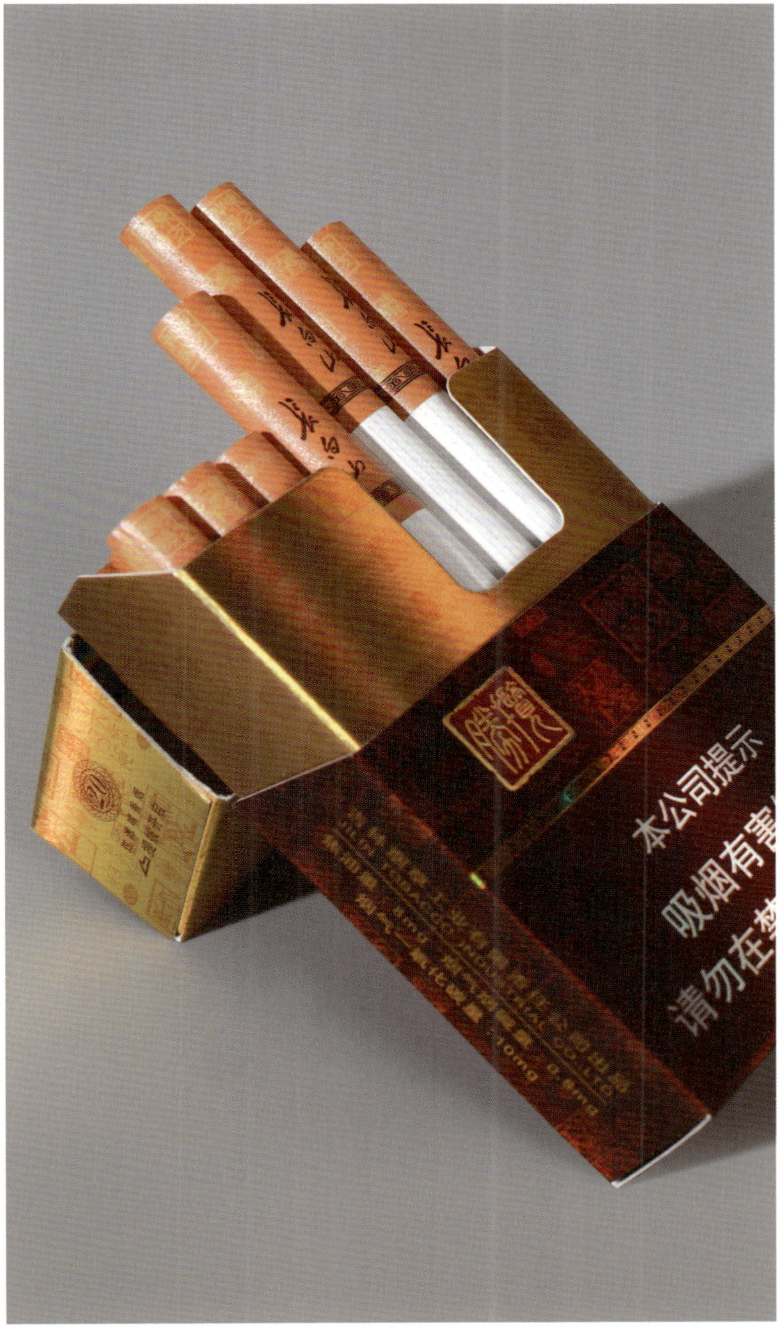

지평선

청송

칠보산

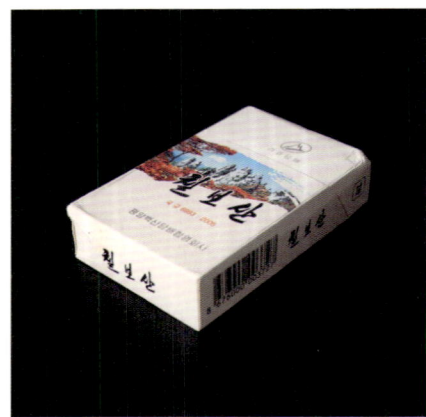

해돋이

해돋이
국규 6993:2012
려과담배
대동강담배합영회사

해돋이
대동강담배합영회사

해돋이
국규 6993:2012
려과담배
대동강담배합영회사

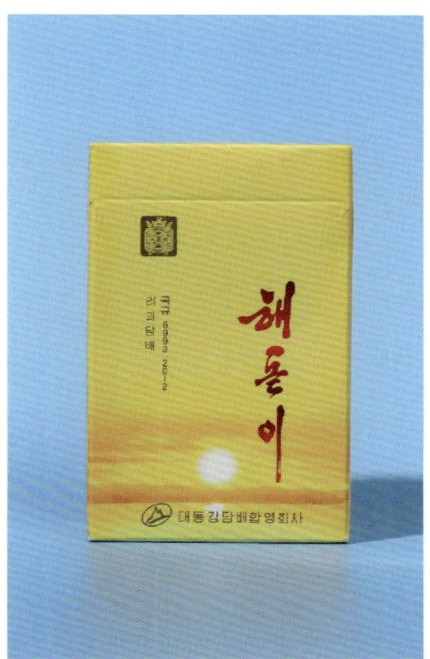

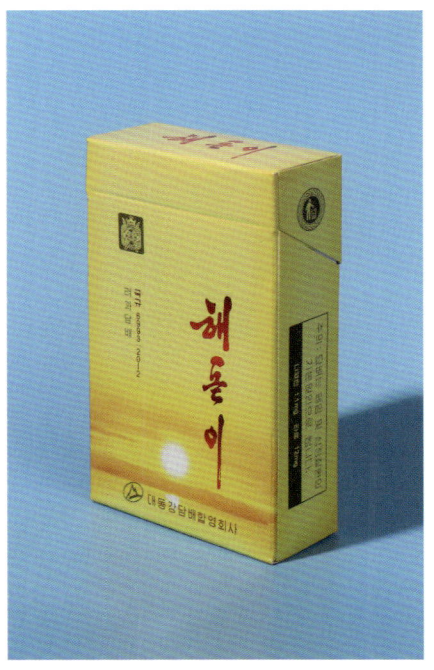

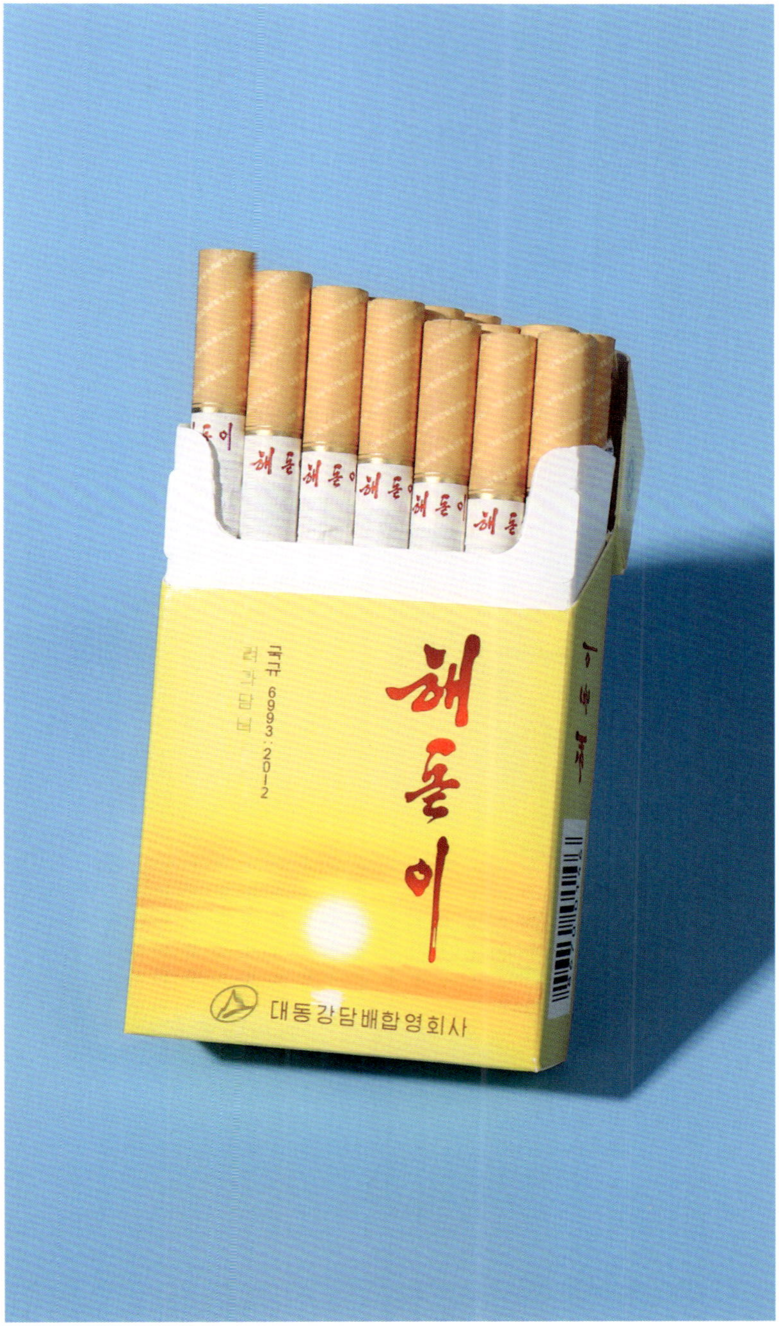

화력

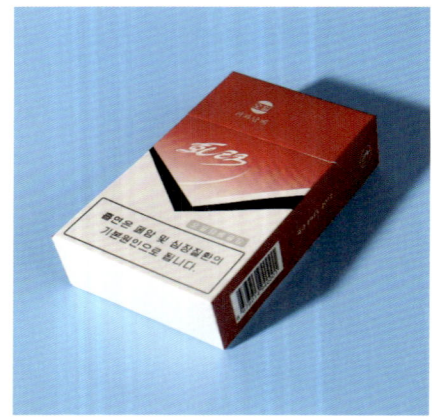
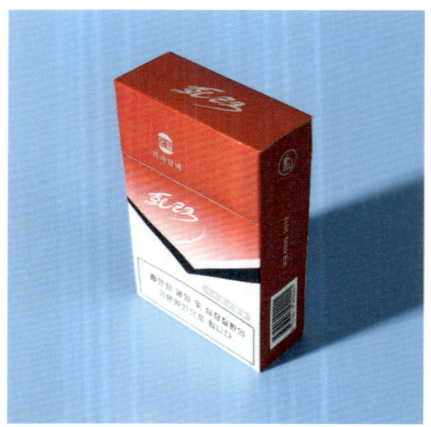

cig · ar · ette
III. 해외상표 담배

아래 제품들은 북한에서 생산된 해외상표 담배들로 추정된다. 공식적으로 어떻게 생산, 유통되는지는 정확히 파악할 수는 없다. 다만 북중접경지역에서 북한 상인은 한결같이 북한에서 생산된 제품이 확실하며 자신들은 밀수를 통해 북한에서 들여왔다고 말한다.

AROMA

BACSON

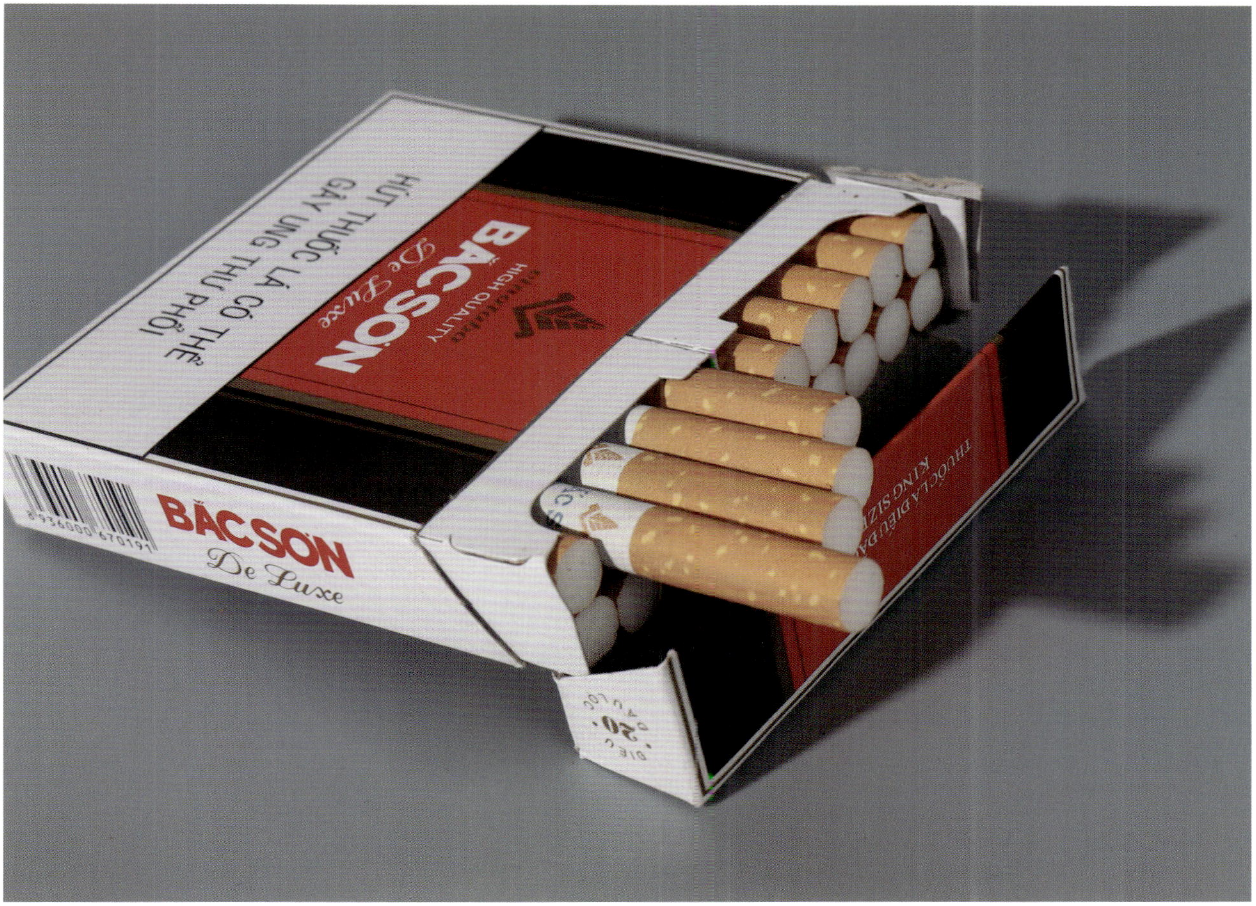
HÚT THUỐC LÁ CÓ THỂ
GÂY UNG THƯ PHỔI
HIGH QUALITY
BẮC SƠN
De Luxe
8936000670191
BẮC SƠN
De Luxe

BẮC SƠN
THUỐC LÁ ĐIẾU ĐẦU LỌC
KING SIZE
HIGH QUALITY
BẮC SƠN
De Luxe
HÚT THUỐC LÁ CÓ THỂ
GÂY UNG THƯ PHỔI

THUỐC LÁ ĐIẾU ĐẦU LỌC
KING SIZE
HIGH QUALITY
BẮC SƠN
De Luxe
HÚT THUỐC LÁ CÓ THỂ
GÂY UNG THƯ PHỔI

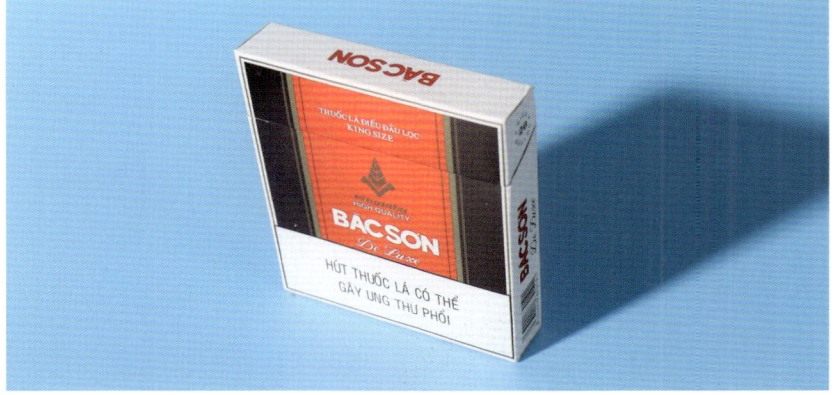

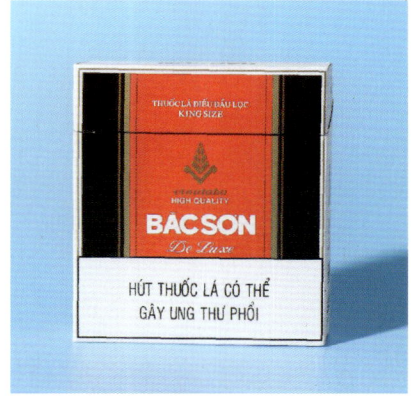

BLACK GALLEON

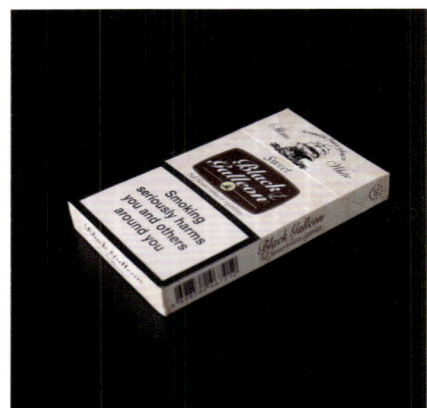

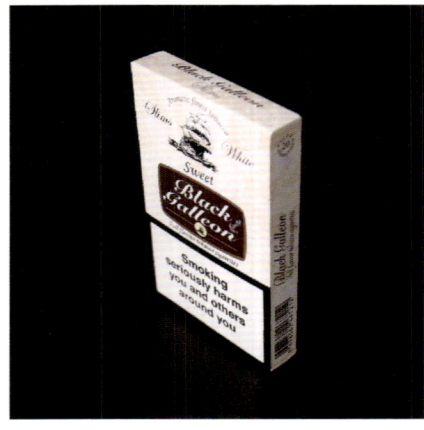

BLACK PANTHER

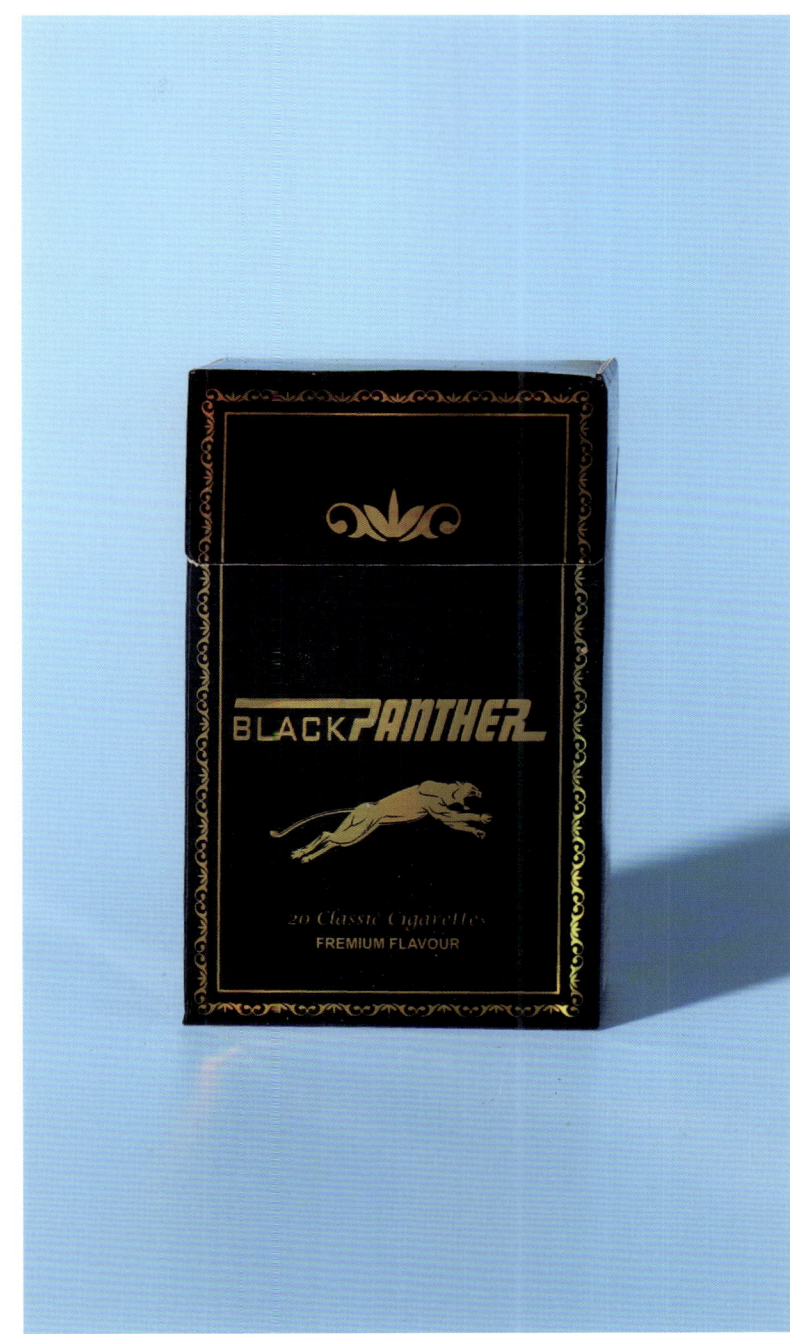

CORSET

CRAVEN “A”

FILTER TIPPED
TRADE MARK
CRAVEN
“A”
FILTER
THE HOUSE OF CRAVEN · SINCE 1863

CRAVEN
“A”
FILTER

FILTER
TIPPED
TRADE
MARK

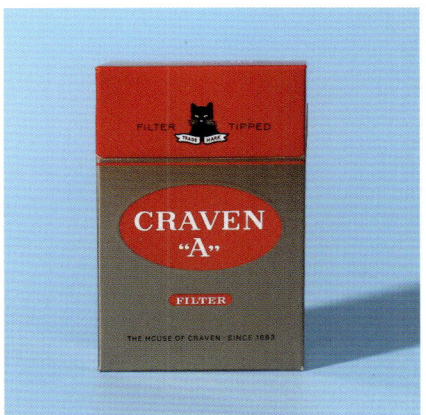

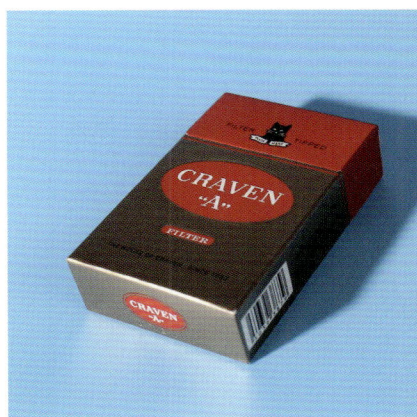

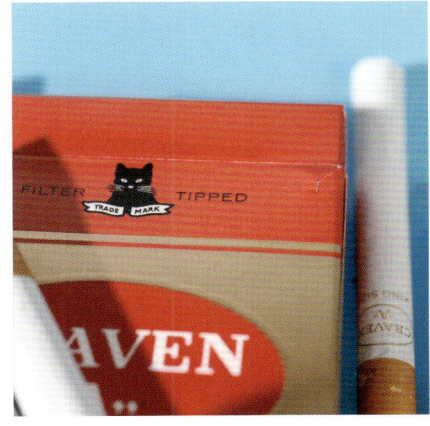

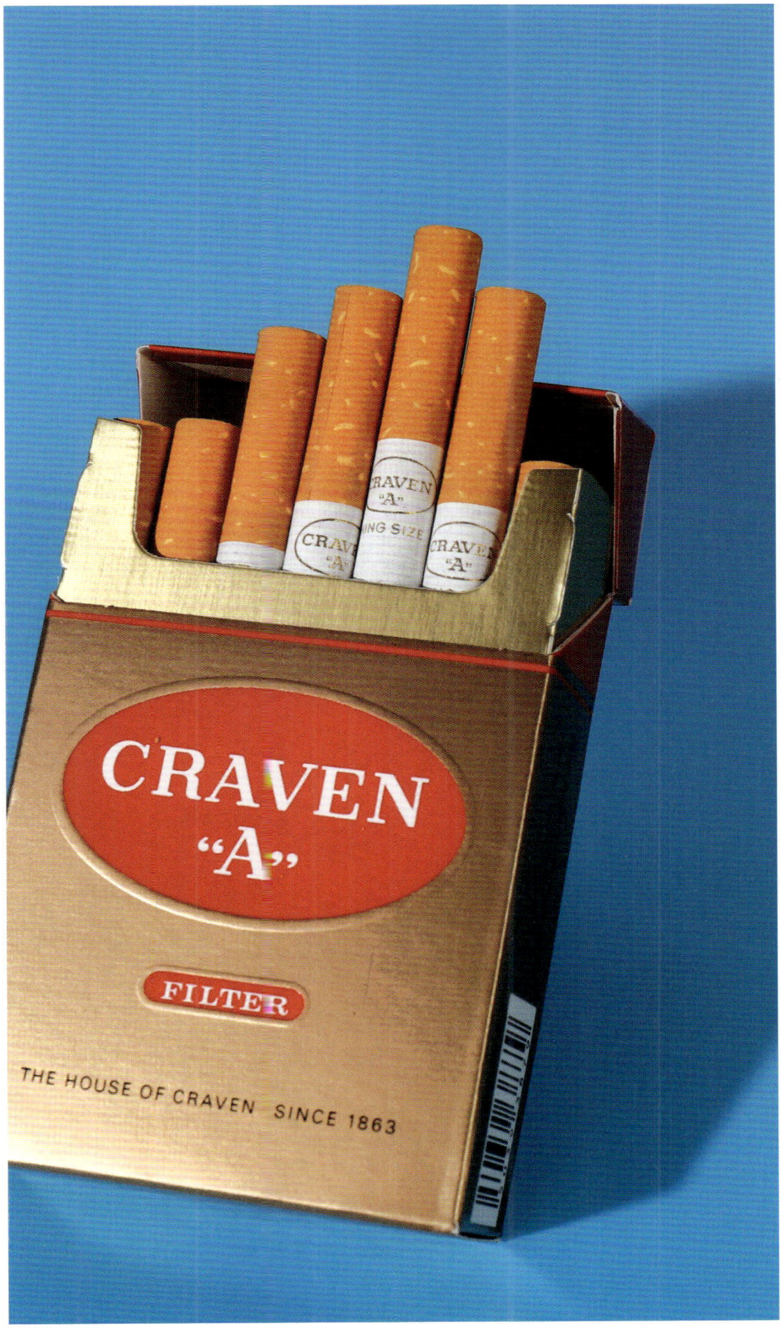
CRAVEN
“A”
FILTER
THE HOUSE OF CRAVEN SINCE 1863

EMPEROR

GRAND

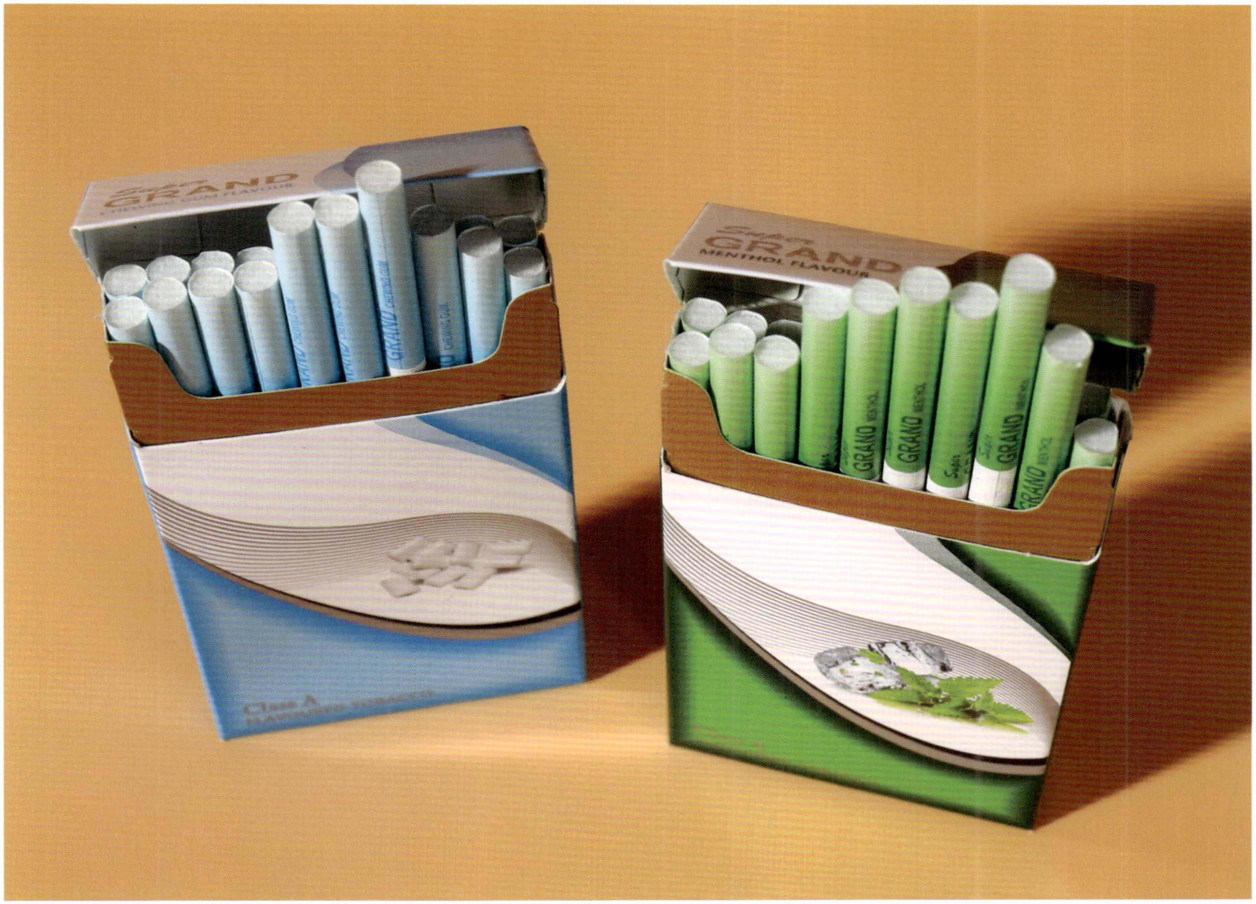

Super
GRAND
MENTHOL FLAVOUR
Class A

Super
GRAND
MENTHOL FLAVOUR

Super
GRAND
MENTHOL FLAVOUR
Class A

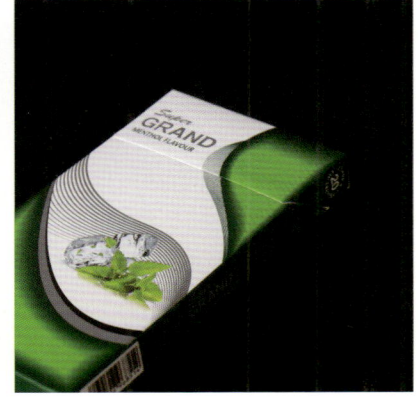

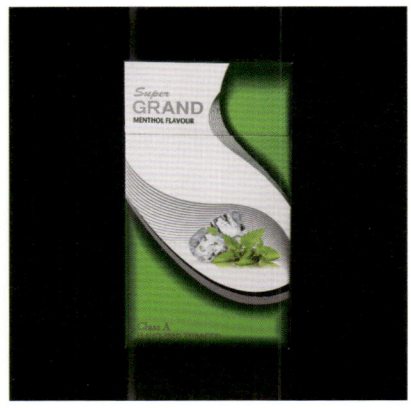

JO BLACK

MAC

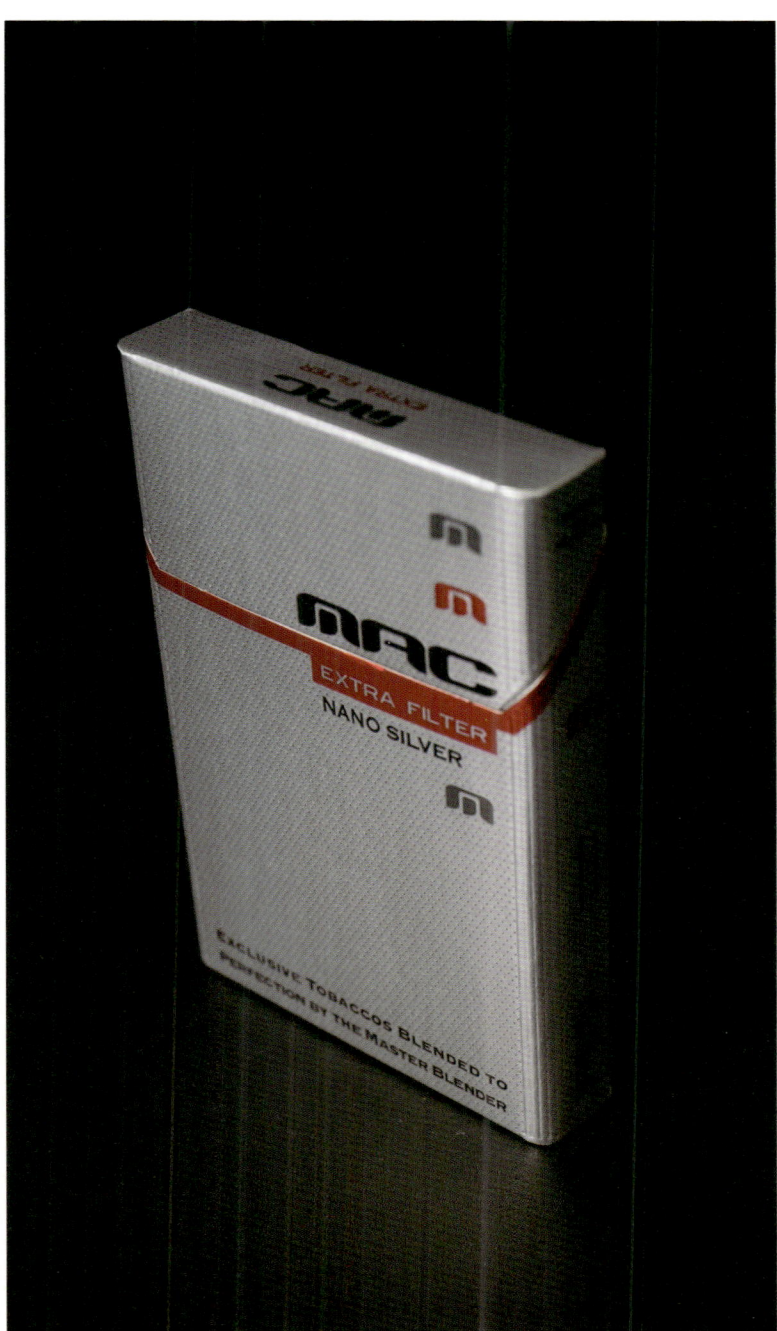

MILANO

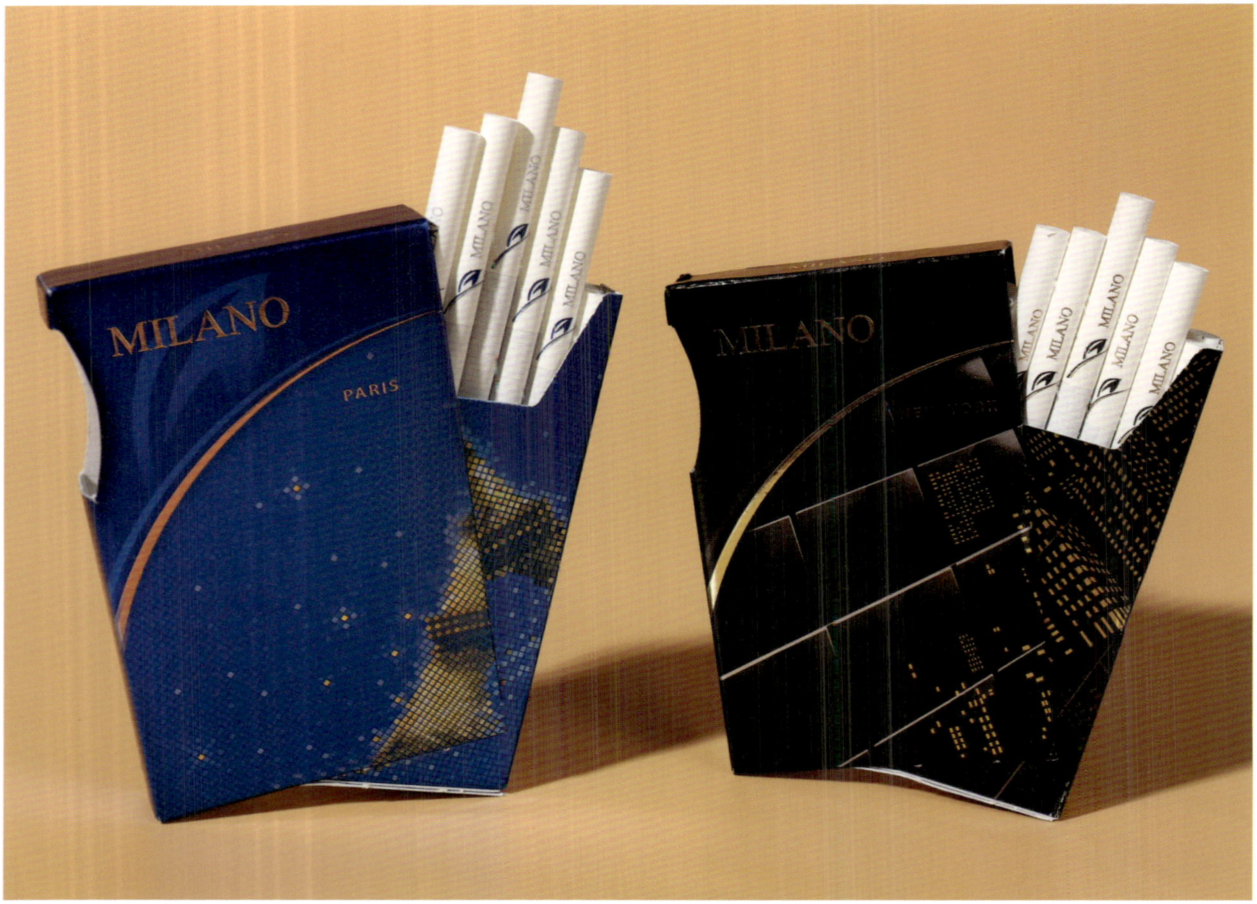
MILANO
PARIS
MILANO

MILANO
MILANO
PARIS

MILANO
MILANO
MILANO

MILANO

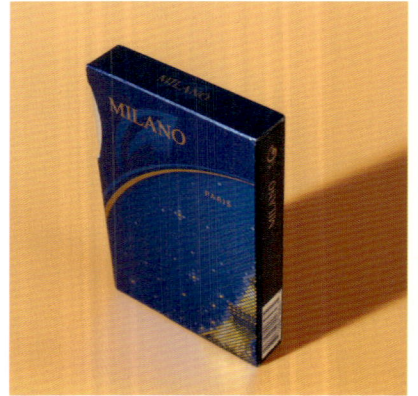

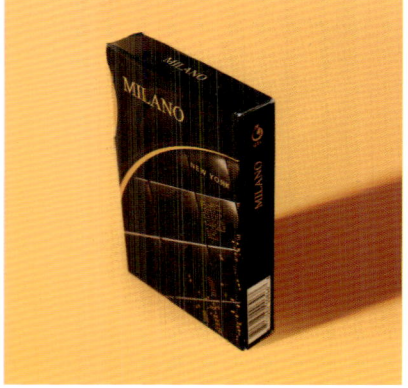

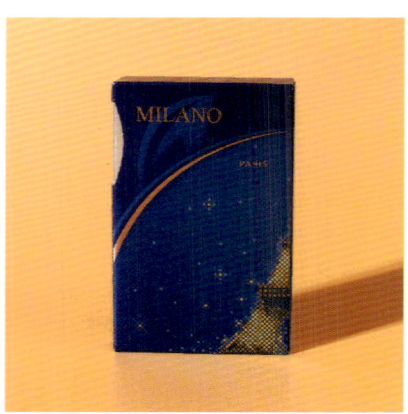

NAPOLI

OSCAR

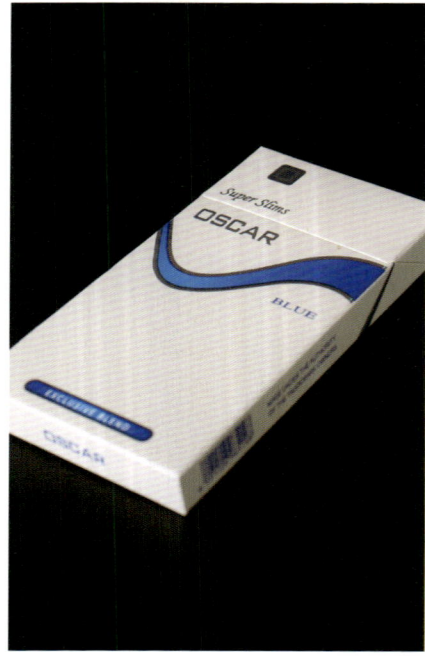

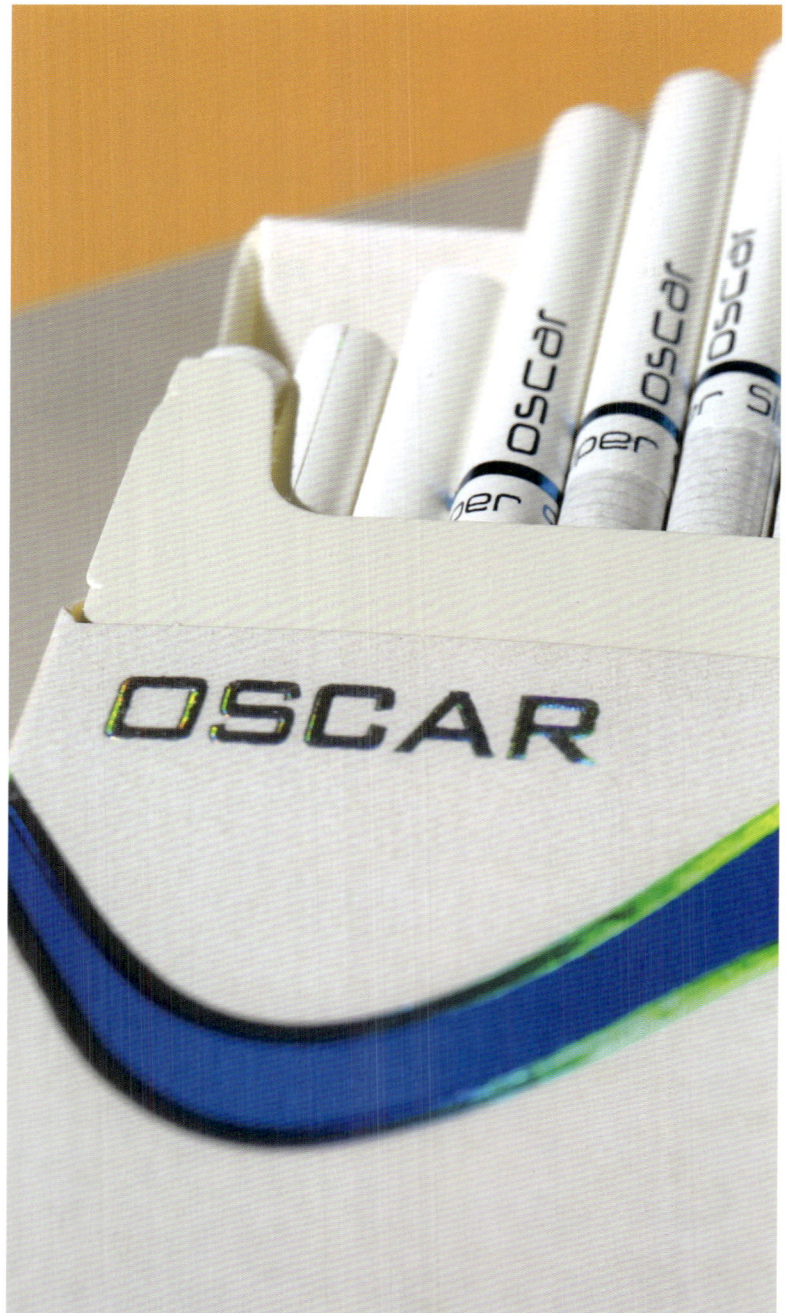

РУССКИЙ СТИАЬ

SACRED ELEPHANT

SÔNG CẦU

SÔNG CẦU
THUỐC LÁ ĐIẾU ĐẦU LỌC
vinataba
SÔNG CẦU
Special Blend
HÚT THUỐC LÁ CÓ THỂ
GÂY UNG THƯ PHỔI

THUỐC LÁ ĐIẾU ĐẦU LỌC
SÔNG CẦU
Special Blend
HÚT THUỐC LÁ CÓ THỂ
GÂY UNG THƯ PHỔI
SÔNG CẦU

vinataba
SÔNG CẦU

THUỐC LÁ ĐIẾU ĐẦU LỌC
vinataba
SÔNG CẦU
Special Blend
HÚT THUỐC LÁ CÓ THỂ
GÂY UNG THƯ PHỔI

257

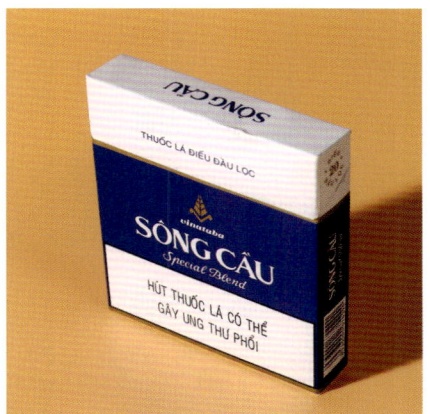

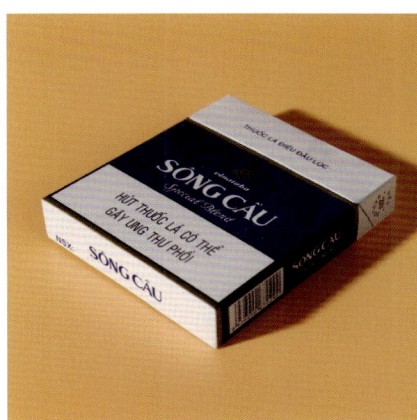

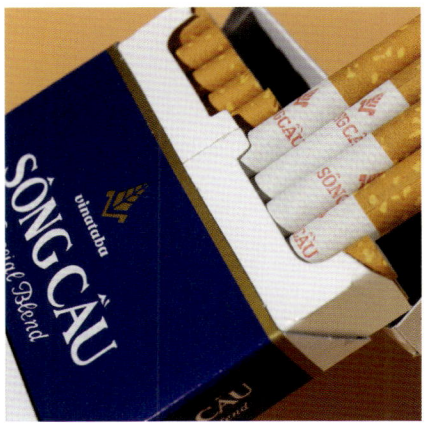

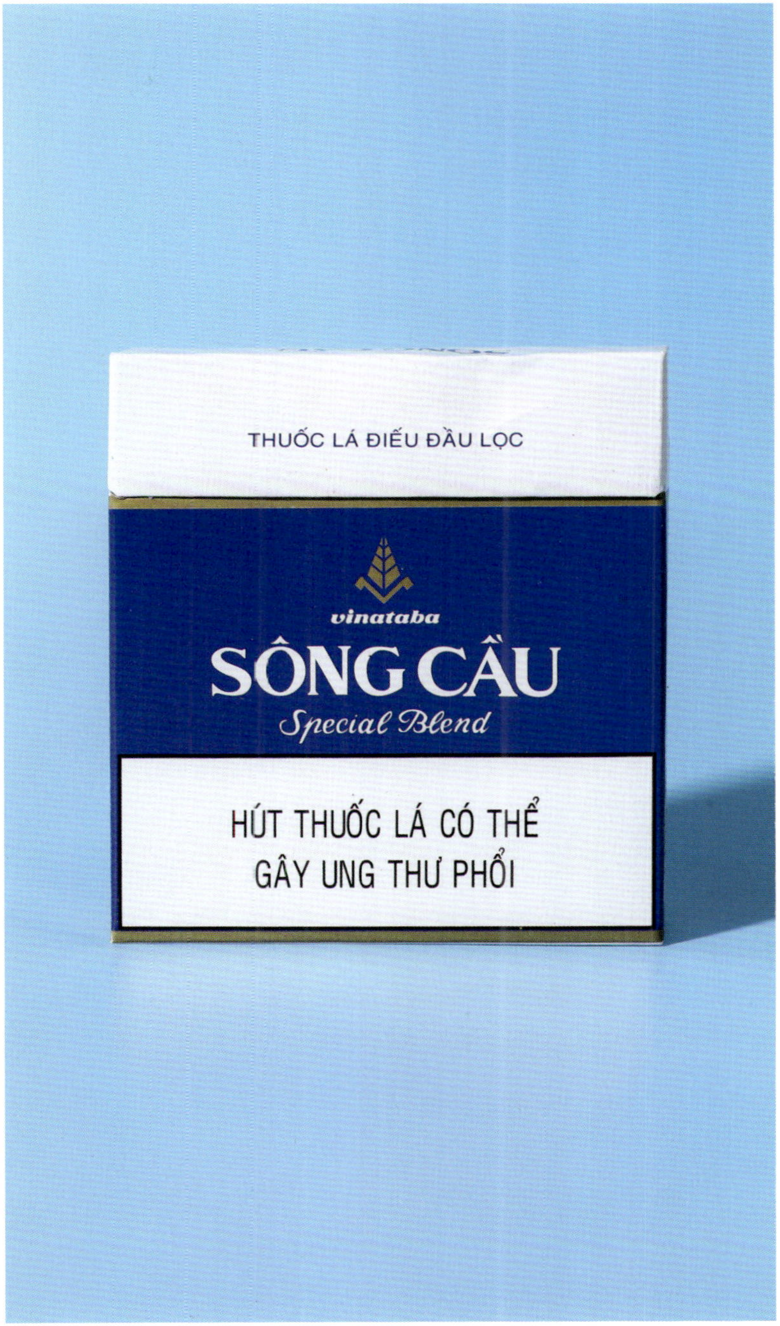

VIDANA

WIN

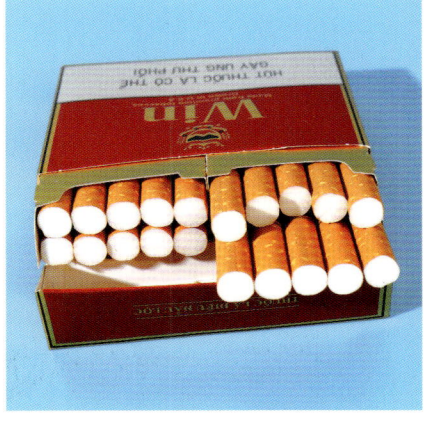

cig・ar・ette

IV. 북한담배 디자인 서체
V. 북한담배공장 리스트

북한담배 디자인 서체

고려

처자

갈매기

갑동

강선

건설

7.27

고향

광명

금강산

금수강산

길

꿀벌

내고향

단풍

대덕산	대동강	대동문
대성	도매서	동방
동해	라진	려명
룡봉	룡악산	마식령
대양		명신

미래   바들게   백연

백두산   백산

번개   별   부흥

북두칠성   불씨   붉은별

비약   삼일포   상감령

서광   설경   성새

수리개	새별	아리랑
아침	음성	위성
진高	용조상	천리마
천지	탑조	태성
평양	칠성	평화
하나	항공	호랑이

담배공장 리스트

(총 40곳)

담배공장	담배명	색상 및 재질	국가규격	타르	니코틴	이산화탄소
고려항공회사	항공	하늘색(곽)	6993:2012	12mg	1.2mg	-
내고향담배공장	7.27	금색(곽)	6993:2012	10mg	0.7mg	8mg
	7.27	흰색(곽)	6993:2012	8mg	0.8mg	8mg
	강선	금색(곽)	6993:2012	8mg	0.6mg	10mg
	강선	은색(곽)	6993:2012	6mg	0.45mg	-
	강선	베이지(곽)	6993:2012	7mg	0.5mg	10mg
	고향	금색(곽)	6993:2012	9mg	0.9mg	-
	고향	청색(곽)	6993:2012	10mg	0.8mg	10mg
	고향	슬라이드,은색(곽)	6993:2012	8mg	0.7mg	8mg
	고향	슬라이드,녹색(곽)	6993:2012	6mg	0.45mg	7mg
	내고향	흰색(곽)	6993:2005	15mg	1.5mg	-
	새벽	흰색(곽)	6993:2012	7mg	0.5mg	-
	새봄	흰색(곽)	6993:2005	7mg	0.5mg	-
	아침	흰, 아래그림(곽)	-	-	-	-
	천지	금색(곽)	6993:2012	6mg	0.6mg	-
	천지	빨간색(곽)	6993:2012	8mg	1.0mg	-
	천지	빨, 그림(곽)	6993:2005	8mg	1.0mg	-
	마식령	찐한밤색(곽)	6993:2012	11mg	0.8mg	-
대동강담배합영회사	대동강	금색(곽)	6993:2005	8mg	0.8mg	-
	대동강	노,빨간글씨(곽)	6993:2012	12mg	1.1mg	-
	대동강	노,청글씨(곽)	6993:2012	12mg	1.1mg	-
	대동강	연두색(곽)	6993:2012	7mg	0.8mg	-
	대동강	흰색(곽)	6993:2012	7mg	0.8mg	-
	대동강	남색(곽)	6993:2012	7mg	0.7mg	-
	대동강	파란색(곽)	6993:2012	10mg	1.0mg	-
	번개	흰색(종)	6993:2005	13mg	1.2mg	-
	번개	검은색(곽)	6993:2005	12mg	1.0mg	-
	설경	흰,파란색(곽)	6993:2005	14mg	1.1mg	-
	해돋이	노란색(곽)	6993 2012	12mg	1.1mg	-
	호랑이	노란색(곽)	6993 2005	10mg	0.8mg	-
	호랑이	빨간색(종)	6993 2012	12mg	1.0mg	12mg
대양담배공장	타조	파란샥(종)	6993 2012	10mg	1.0mg	-
동백담배공장	민들레	은,청색(곽)	6993 2012	12mg	1.2mg	-
	민들레	흰색(곽)	6993 2012	8mg	0.6mg	-

담배공장	담배명	색상 및 재질	국가규격	타르	니코틴	이산화탄소
동양담배공장	동양	노란색(관)	6993:2000	10mg	1.2mg	-
	미래	노란색(곽)	6993:2005	10mg	1.0mg	-
	미래	하늘색(곽)	6993:2005	12mg	0.7mg	-
	부흥	줄무니연한노란색(곽)	6993:2012	11mg	1.0mg	5mg
	비약	흰,빨간무늬(곽)	6993:2005	12mg	1.0mg	-
라선흥우무역회사	상감령	노란색(곽)	6993:2012	8mg	1.0mg	-
	상감령 *	노란색(곽)	-	6mg	0.6mg	4mg
라선신흥담배회사	라진	노란색(곽)	6993:2012	12mg	1.0mg	-
	라진	흰,빨강로고(곽)	6993:2012	12mg	1.0mg	-
	라진	흰,분홍(곽)	6993:2012	6mg	0.6mg	-
	라진	파란색(곽)	6993:2012	12mg	1.0mg	-
	봄	흰,분홍색(곽)	6993:2005	5mg	0.5mg	-
락랑송도공장	송악	빨간색(곽)	6993:2012	12mg	0.9mg	9mg
	송악	노란색(곽)	6993:2012	12mg	1.0mg	9mg
룡봉담배회사	려명	나무색(곽)	6993:2012	10mg	1.0mg	-
	룡봉	청색(곽)	6993:2012	12mg	0.9mg	-
	룡봉	빨간색(곽)	6993:2012	11mg	1.0mg	-
	아리랑	금, 슬림(곽)	6993:2012	5mg	0.6mg	6mg
	아리랑	나무색(곽)	6993:2012	10mg	1.0mg	10mg
	아리랑	흰, 아래그림(곽)	6993:2012	12mg	1.1mg	12mg
	아리랑 *	남, 슬림(곽)	-	6mg	0.6mg	5mg
	광명	빨간색(곽)	6993:2012	11mg	0.9mg	9mg
	광명	금색(곽)	6993:2012	10mg	1.0mg	10mg
룡성	갈매기	파란색(종이)	6993:2012	13mg	1.0mg	13mg
	갈매기	남색(곽)	6993:2012	12mg	1.2mg	-
	금강	노란색(종)	6993:2012	12mg	1.1mg	12mg
	금강	빨간색(곽)	6993:2012	11mg	1.2mg	-
	박연	흰,하,청색(곽)	6993:2005	8mg	0.8mg	9mg
	하나	흰색(곽)	6993:2012	10mg	0.9mg	9mg
	항공	금색(곽)	6993:2005	12mg	1.2mg	-

담배공장	담배명	색상 및 재질	국가규격	타르	니코틴	이산화탄소
민들레담배공장	민들레	은색(곽)	6993:2012	12mg	1.2mg	11mg
만경대담배공장	칠성	살구색(곽)	6993:2012	11mg	1.1mg	11mg
	칠성	노란색(곽)	6993:2012	12mg	1.2mg	11mg
	칠성	노,나무색(곽)	6993:2012	11mg	1.0mg	11mg
	칠성	파랑(곽)	6993:2012	11mg	0.7mg	11mg
	칠성	파,금색(곽)	6993:2012	11mg	1.0mg	11mg
	칠성	은색(곽)	6993:2012	11mg	1.0mg	11mg
	칠성	은색별모양(곽)	6993:2012	12mg	1.0mg	12mg
	칠성	빨,금띠(곽)	6993:2012	12mg	1.2mg	11mg
만경대대성담배공장	대덕산	흰색(곽)	6993:2012	8mg	0.9mg	-
	명신	금, 옆나무색(곽)	6993:2012	8mg	0.9mg	-
	명신	나무색위 골드(곽)	6993:2012	9mg	0.9mg	-
	명신	파란색(곽)	6993:2012	12mg	0.9mg	-
매양무역총회사	매양	노란색(곽)	6993:2012	10mg	1.0mg	11mg
	매양	파란색(종)	6993:2012	8mg	0.8mg	-
	매양	하늘, 슬라이드(곽)	6993:2012	8mg	0.7mg	-
묘향무역총회사	선봉	파란색(곽)	6993:2012	12mg	1.2mg	10mg
삼일포담배공장	불씨	주황색(곽)	6993:2005	12mg	1.2mg	-
	불씨	빨, 금색(곽)	6993:2012	11mg	1.0mg	-
	불씨	벽돌(곽)	6993:2012	12mg	1.2mg	-
	불씨	흰색, 베이지(곽)	6993:2012	7mg	1.2mg	-
	삼일포	금색(곽)	6993:2005	15mg	1.2mg	-
선내대성담배공장	단풍	흰색(곽)	6993:2012	7mg	0.9mg	-
	대성	검정색(곽)	6993:2005	12mg	0.9mg	-
	명신	흰색(곽)	6993:2012	9mg	0.9mg	-
	방패	검정색(곽)	6993:2005	10mg	1.2mg	-
	봄맞이	노란색(곽)	6993:2005	8mg	0.9mg	-
	북두칠성	흰색(곽)	6993:2005	12mg	1.2mg	-
	지평선	로즈골드(곽)	6993:2005	8mg	0.9mg	-

담배공장	담배명	색상 및 재질	국가규격	타르	니코틴	이산화탄소
압록강담배공장	압록강	나무색 슬림(곽)	6993:2012	5mg	0.5mg	5mg
	압록강	로즈골드(곽)	6993:2012	10mg	0.9mg	-
	압록강	빨,흰색(곽)	6993:2012	10mg	0.9mg	5mg
	압록강	금색(곽)	6993:2012	8mg	0.8mg	
	압록강	파랑, 영어(곽)	-	10mg	1.2mg	1.0mg
	위성	사각형노란색(곽)	6993:2012	8mg	0.8mg	13mg
영제담배공장	별	파,글씨금색(곽)	6993:2012	10mg	1.0mg	-
	별	파,글씨흰색(곽)	6993:2012	10mg	1.2mg	11mg
	별	녹색(곽)	6993:2012	10mg	1.0mg	
	별	빨강,글씨금색(곽)	6993:2012	10mg	1.0mg	
	별	금색(곽)	6993:2012	10mg	1.0mg	
	별	검은색(곽)	6993:2012	10mg	1.0mg	
	별	흰,영어(곽)	6993:2012	11mg	1.1mg	11mg
오일담배공장	화력	빨,흰색(곽)	6993:2012	12mg	1.0mg	11mg
	화력	검은색(곽)	6993:2012	10mg	1.0mg	11mg
조선, 묘향	묘향	금색(곽)	6993:2005	12mg	1.2mg	-
	묘향	빨간색(곽)	6993:2005	12mg	1.2mg	
조선금흥	청송	파란색(곽)	6993:2005	13mg	1.2mg	
조선대양총회사	타조	빨간색(종)	6993:2012	10mg	1.0mg	
조선동방합영회사	동방	금색(곽)	6993:2005	12mg	1.2mg	-
	동방	금,테두리 나무색(곽)	6993:2012	11mg	1.0mg	11mg
	동방	흰,청색(곽)	6993:2012	10mg	1.0mg	11mg
조선룡봉담배공장	룡악산	금색(곽)	6993:2005	11mg	0.9mg	-
조선삼흥담배공장	길	청,녹색(곽)	6993:2005	10mg	1.0mg	-
	길	녹색(곽)	6993:2012	10mg	1.0mg	-
	성새	밤색(곽)	6993:2012	12mg	1.2mg	-

담배공장	담배명	색상 및 재질	국가규격	타르	니코틴	이산화탄소
조선선봉총회사	선봉	빨간색(곽)	6993:2000	-	-	-
조선항공무역회사	항공	검은색(곽)	6993:2012	6mg	0.6mg	5mg
진흥	진흥	녹색(곽)	6993:2012	8mg	1.2mg	-
	진흥	진빨, 반짝(곽)	6993:2012	8mg	1.2mg	-
	진흥	빨간색(곽)	6993:2012	11mg	1.1mg	11mg
진흥합작회사	고려	검정색(곽)	6993:2012	6mg	0.6mg	6mg
	청자	하늘색(곽)	6993:2012	8mg	0.8mg	7mg
태성담배공장	태성	노,청색(곽)	6993:2012	9.8mg	0.9mg	9.5mg
	태성	하늘색(곽)	6993:2012	10.7mg	1.05mg	10.8mg
	태성	나무,금색(곽)	6993:2012	11.2mg	1.14mg	11.3mg
평양담배공장	평화		6993:2012	12mg	1.0mg	-
	도라지	청,흰색(곽)	6993:2012	12mg	1.2mg	-
	룡흥	빨간색(곽)	6993:2005	12mg	1.0mg	-
	수리개	파란색(곽)	6993:2005	10mg	1.0mg	-
	인삼담배	노란색(곽)	6993:2012	12mg	1.1mg	-
	하나	빨간색(곽)	6993:2012	11mg	1.2mg	10mg
	하나	금색(곽)	6993:2012	1.2mg	1.1mg	1.5mg
	명마	빨,검정색(곽)	6993:2012	15mg	1.2mg	-
	금수강산	노란색(곽)	6993:2012	13mg	1.2mg	-
	대동문	흰색(곽)	6993:2012	12mg	1.1mg	11mg
평양대성	붉은별	흰색(곽)	-	15mg	1.2mg	-
	영광	흰색(곽)	6993:2012	6mg	0.6mg	-
	천리마	빨간색(곽)	-	-	-	-
	갑문	파란색(곽)	6993:2012	10mg	0.8mg	10mg
	건설	노란색(곽)	6993:2012	10mg	1.0mg	-
	금강산	빨간색(곽)	6993:2005	15mg	1.2mg	-
	금강산	흰색(곽)	6993:2012	11mg	0.8mg	-

담배공장	담배명	색상 및 재질	국가규격	타르	니코틴	이산화탄소
	꿀벌	빨,흰색(곽)	6993:2012	12mg	1.1mg	-
	백두산	금색, 큰(곽)	6993:2005	16mg	1.2mg	-
	백두산	금색, 작(곽)	6993:2005	16mg	1.2mg	-
평양룡봉담배공장	광명	슬라이드(곽)	6993:2012	13mg	1.1mg	-
	광명	금색(곽)	6993:2012	10mg	1.0mg	-
	광명	빨간색(곽)	6993:2012	11mg	0.9mg	9mg
	려명	빨간색(곽)	6993:2012	12mg	1.2mg	-
	려명	금,슬라이드(곽)	6993:2012	6mg	0.6mg	-
	룡봉	노란색(곽)	6993:2012	6mg	0.6mg	-
	룡악산	금,나무색 옆선(곽)	6993:2012	10mg	1.0mg	-
평양백산담배영회사	아리랑	파란색(곽)	6993:2005	13mg	1.2mg	-
	아리랑	희색(곽)	6993:2005	10mg	1.2mg	-
	메아리	빨간색(곽)	6993:2012	12mg	1.0mg	10mg
	금수강산	청색(곽)	6993:2005	13mg	1.2mg	-
	금수강산	청색(철)	6993:2005	13mg	1.2mg	-
	금수강산	슬라이드,금색(곽)	6993:2012	8mg	0.8mg	-
	동해	파란색(곽)	6993:2005	8mg	1.0mg	-
	백산	흰,파란줄(곽)	6993:2012	12mg	1.2mg	-
	백산	흰,그림(곽)	6993:2012	12mg	1.2mg	-
	백산	빨간색(종)	6993:2012	11mg	1.2mg	12mg
	백산	빨간색(곽)	6993:2005	8mg	0.6mg	-
	칠보산	흰, 그림(곽)	6993:2005	13mg	1.4mg	-
	평양	금,나무색(곽)	6993:2012	12mg	1.2mg	-
	평양	금색(곽)	6993:2012	10mg	1.0mg	-
	평양	빨,금띠(곽)	6993:2005	13mg	1.2mg	-
평양번영담배공장	번영	나무색(곽)	6993:2012	10mg	1.0mg	-
평양은하담배공장	서광	빨,노란색(곽)	6993:2012	12mg	1.2mg	-
항공담배공장	항공	빨간색(곽)	6993:2012	12mg	1.2mg	12mg
회령대성	대성	빨간색(종)	6993:2012	14.6mg	1.1mg	13mg
	대성	청색(곽)	6993:2012	12mg	0.9mg	-

담배공장	담배명	색상 및 재질	국가규격	타르	니코틴	이산화탄소
해외상표담배	AROMA	빨간색(곽)	-	-	-	-
	BACSON	빨간색(곽)	-	-	-	-
	BLACK GALLEON	흰색(곽)	-	8mg	0.8mg	8mg
	BLACK PANTHER	검정색(곽)	9001:2008	12mg	0.8mg	12mg
	CORSET	하늘색(곽)	-	6mg	0.6mg	5mg
	CRAVEN "A"	금색(곽)	-	15mg	1.2mg	-
	EMPEROR	파란색(곽)	-	12mg	1.2mg	12mg
	GRAND	녹색(곽)	-	3mg	0.3mg	-
	GRAND	하늘색(곽)	-	3mg	0.3mg	
	JO BLACK	갈색(곽)	-	-		
	MAC	은색(곽)	-	1mg	0.1mg	-
	MILANO	검은색(곽)	-	4mg	0.4mg	-
	MILANO	파란색(곽)	-	4mg	0.4mg	-
	NAPOLI	검정색(곽)	-	4mg	0.4mg	
	OSCAR	흰색(곽)	-	6mg	0.6mg	6mg
	РУССКИЙ СТИАЬ	빨간색(곽)	-	10mg	0.8mg	-
	SACRED ELEPHANT	흰색(곽)	-	-	-	-
	SONG CAU	파란색(곽)	-			
	VIDANA	갈색(곽)	-			
	WIN	빨간색(곽)	-			

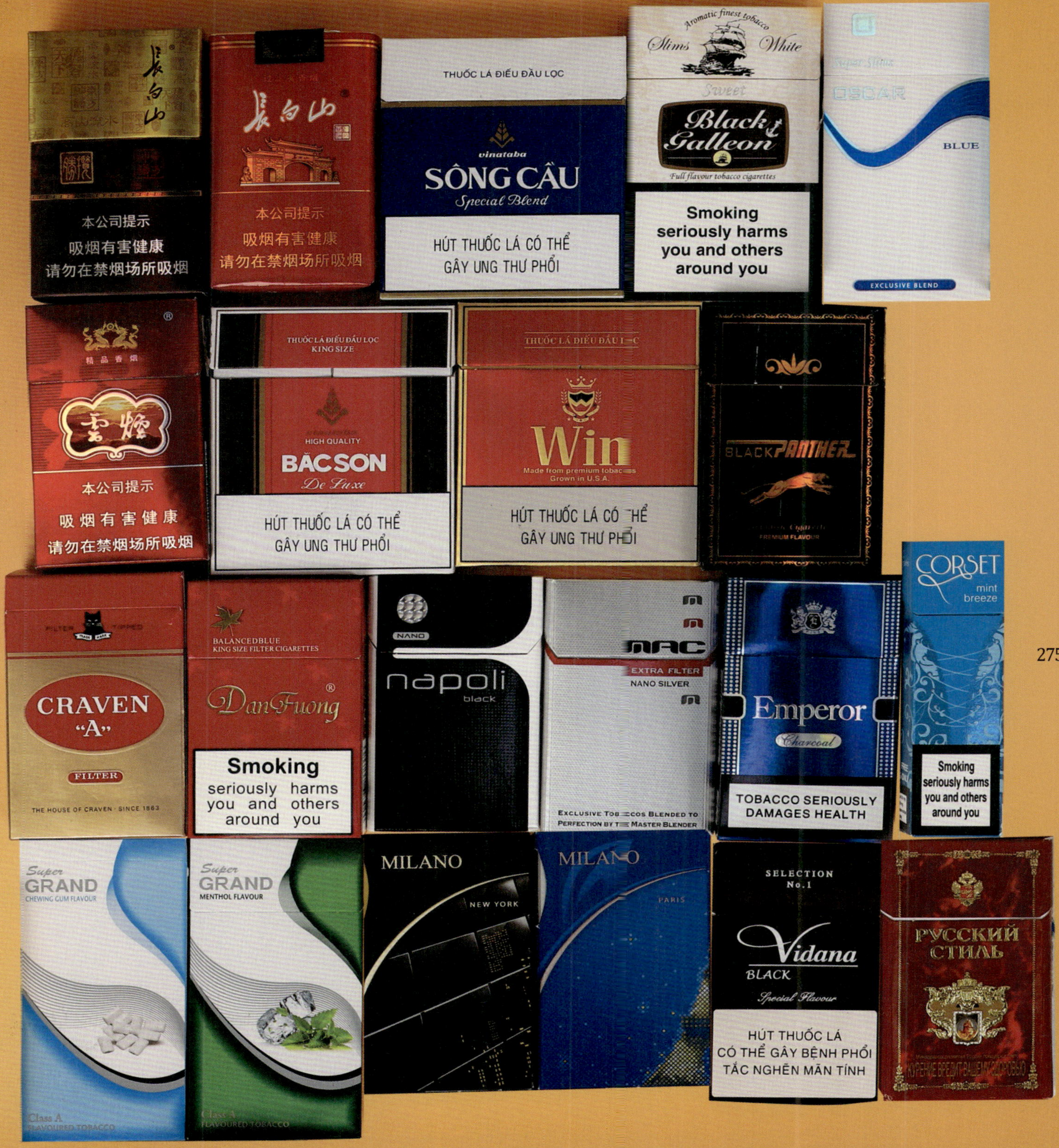
本公司提示
吸烟有害健康
请勿在禁烟场所吸烟
長白山
本公司提示
吸烟有害健康
请勿在禁烟场所吸烟
THUỐC LÁ ĐIẾU ĐẦU LỌC
vinataba
SÔNG CẦU
Special Blend
HÚT THUỐC LÁ CÓ THỂ
GÂY UNG THƯ PHỔI
Aromatic finest tobacco
Slims White
Sweet
Black Galleon
Full flavour tobacco cigarettes
Smoking
seriously harms
you and others
around you
OSCAR
BLUE
EXCLUSIVE BLEND
本公司提示
吸烟有害健康
请勿在禁烟场所吸烟
THUỐC LÁ ĐIẾU ĐẦU LỌC
KING SIZE
HIGH QUALITY
BẮC SƠN
De Luxe
HÚT THUỐC LÁ CÓ THỂ
GÂY UNG THƯ PHỔI
Win
Made from premium tobaccos
Grown in U.S.A.
HÚT THUỐC LÁ CÓ THỂ
GÂY UNG THƯ PHỔI
BLACK PANTHER
PREMIUM FLAVOUR
CORSET
mint
breeze
CRAVEN
"A"
FILTER
THE HOUSE OF CRAVEN · SINCE 1863
BALANCEDBLUE
KING SIZE FILTER CIGARETTES
DanFuong
Smoking
seriously harms
you and others
around you
NANO
napoli
black
EXTRA FILTER
NANO SILVER
PERFECTION BY THE MASTER BLENDER
Emperor
Charcoal
TOBACCO SERIOUSLY
DAMAGES HEALTH
Smoking
seriously harms
you and others
around you
Super
GRAND
CHEWING GUM FLAVOUR
Super
GRAND
MENTHOL FLAVOUR
MILANO
NEW YORK
MILANO
PARIS
SELECTION
No.1
Vidana
BLACK
Special Flavour
HÚT THUỐC LÁ
CÓ THỂ GÂY BỆNH PHỔI
TẮC NGHẼN MÃN TÍNH
РУССКИЙ
СТИЛЬ

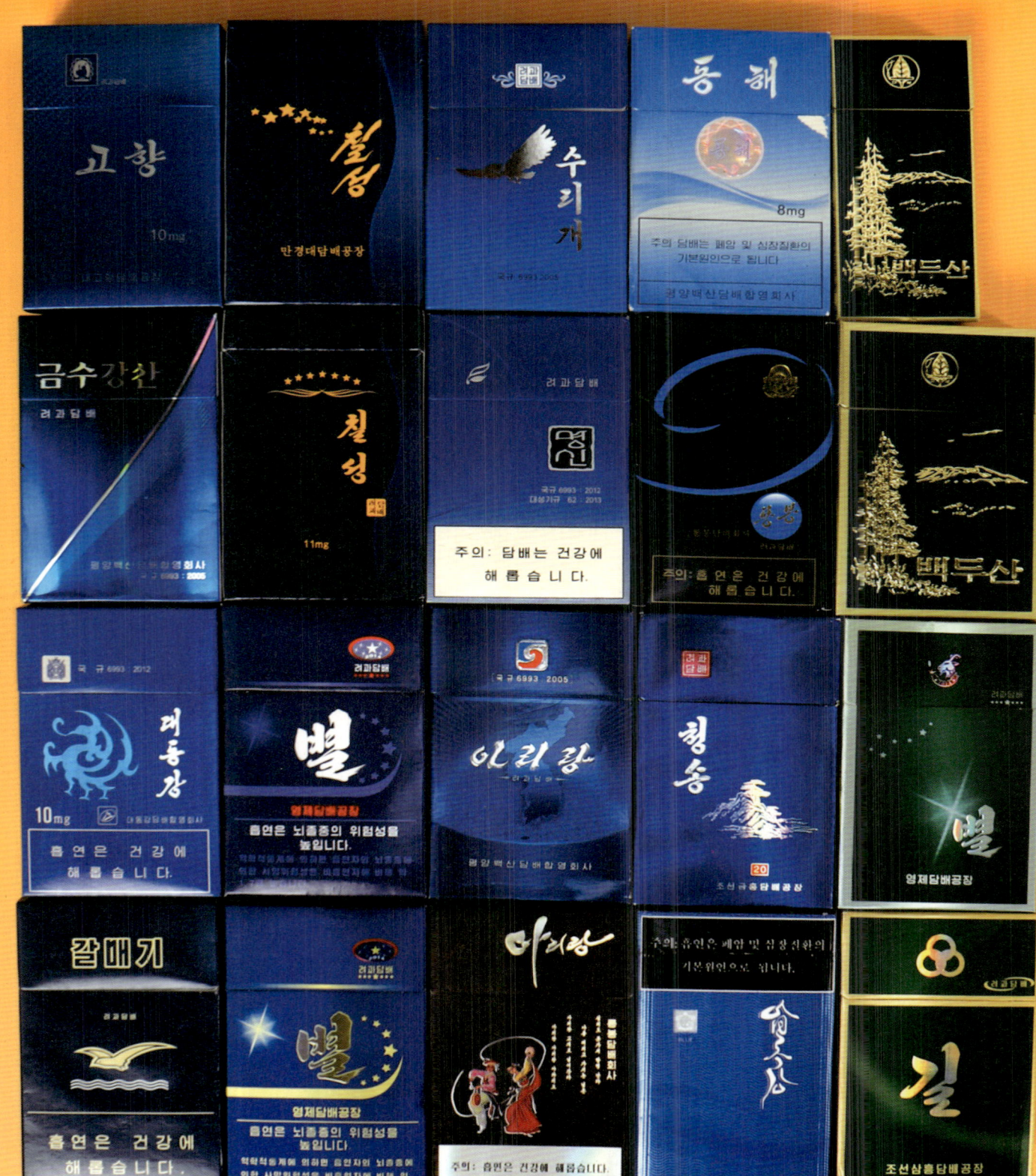

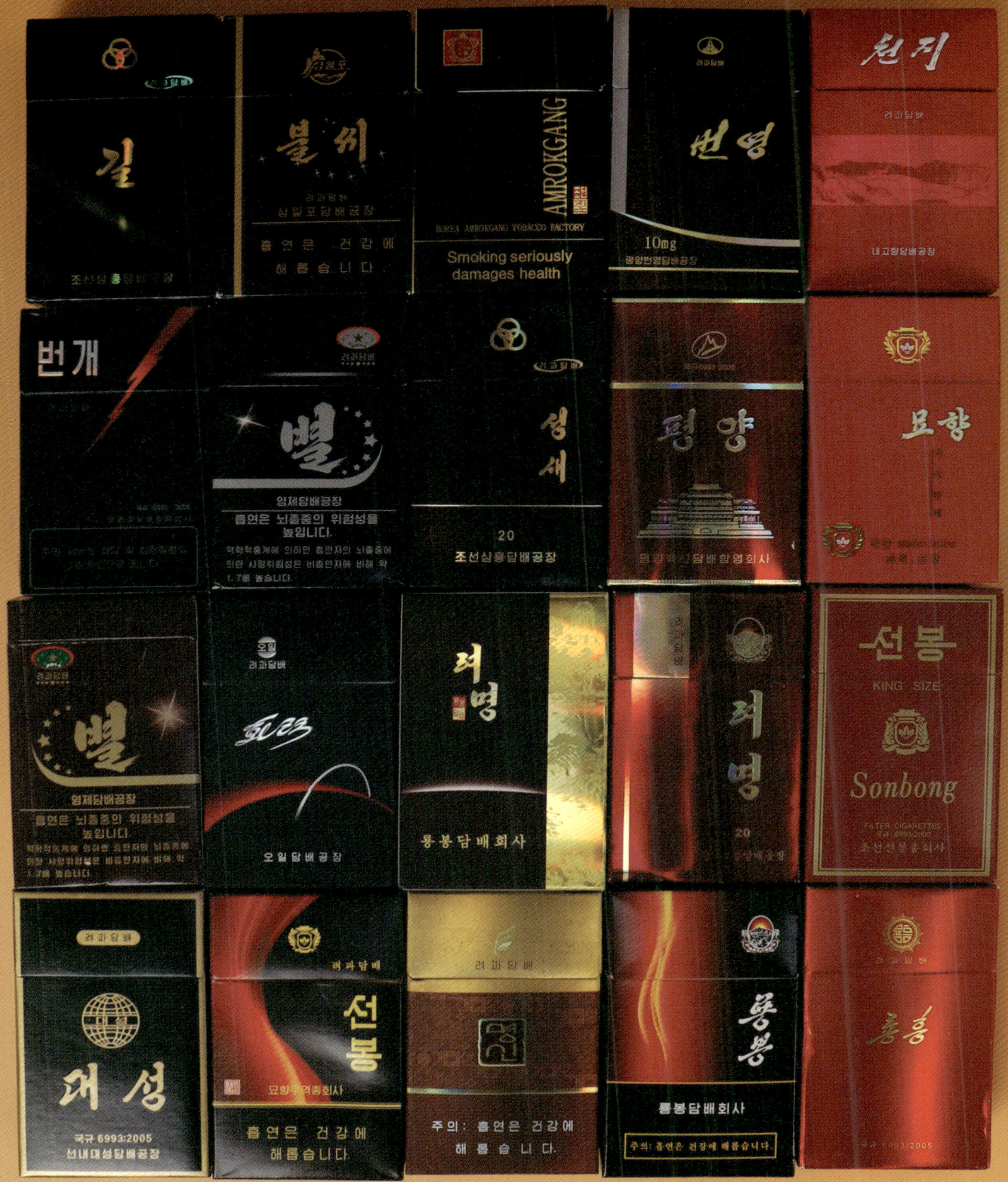
길
불씨
삼일포담배공장
흡연은 건강에 해롭습니다
AMROKGANG
KOREA AMROKGANG TOBACCO FACTORY
Smoking seriously damages health
번영
10mg
평양번영담배공장
천지
려과담배
내고향담배공장
번개
별
영제담배공장
흡연은 뇌졸중의 위험성을 높입니다.
성새
20
조선삼흥담배공장
평양
묘향
별
영제담배공장
흡연은 뇌졸중의 위험성을 높입니다.
오일
려과담배
오일담배공장
려명
룡봉담배회사
려명
20
선봉
KING SIZE
Sonbong
FILTER CIGARETTES
조선선봉총회사
려과담배
대성
국규 6993:2005
선내대성담배공장
려과담배
선봉
묘향무역총회사
흡연은 건강에 해롭습니다.
려과담배
주의: 흡연은 건강에 해롭습니다.
룡봉
룡봉담배회사
주의: 흡연은 건강에 해롭습니다.
려과담배
룡흥
국규 6993:2005

너나드리의 책들 SINCE 2015

너나들이는 서로 너 나하며 허물없이 지내는 사이를 일컫는 순우리말입니다.
도서출판 너나드리는 남북한 사람들이 서로 그런 사이가 되기를 바라는 희망을 안고
통일 북한 전문 출판을 통해 하나의 길을 만들어 갑니다.

· 이 도서의 수익금 전액은 통일을 위한 후속 연구 및 출판에 사용됩니다.

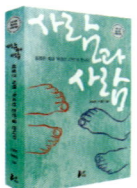

사람과 사람
김정은 시대 북조선 인민을 만나다
강동완 · 박정란 지음   544쪽 | 22,000원
출간연월 | 2015.9   *2016 세종도서 선정

국내최초 북한주민 100명 면접 설문조사!
나와 그들은 '같은 사람'이 아니라 '남한 사람, 북한 사람'으로 분명히 경계를 나누어야 하는 분단국가의 '다른 사람'이었다.

이 책은 국내 최초로 북한주민 100명을 대상으로 한 설문조사를 통해 그들의 생생한 통일이야기를 담아냈다. 이 책에서 말하는 '북한주민'은 남한이나 중국 등 제3국으로의 이주를 목적으로 탈북한 사람들이 아니라, 식량구입 및 장사를 위해 국경을 반복해 넘나드는 사람들과 중국 친지 방문을 위해 공식적으로 비자를 받고 중국에 체류하고 있는 사람들을 의미한다. 인터뷰에 응한 북한 주민 100명은 김정은 집권 이후 북한 당국으로부터 공식 허가를 받고 중국에 입국한 사람들이다. 이들은 최근 북한 상황과 사회변화에 대해 상세하게 증언해 주었다.

통일과 페친하다
강동완 지음   256쪽 | 13,800원
출간연월 | 2016.9

이 책은 6년동안 페이스북에 채워진 삶의 기록 가운데 통일이야기라 말할 수 있는 특별한 흔적들을 추렸다. 천 개의 숫자가 가진 특별한 의미... 무엇이든 간절히 천 번을 바라고 또 바라면 이루어진다고 하지 않았던가. 통일을 생각하고(통일과 사색), 그 길을 묵묵히 걸으며(통일의 길을 걷다), 그와 재미나게 놀면서(통일과 놀다), 통일을 평생의 소명으로 삼는 사람들(통일그 사람)의 이야기를 오롯이 담아냈다.

통일, 너를 만나면 심쿵
붓으로 새기는 통일
강동완, 차고은 지음   192쪽 | 14,800원
출간연월 | 2016.11

국내 유일 북한 청봉체 전수자의 손끝에서 새겨진 통일!
남남북녀라는 이름으로 남한 출신 북한학 교수와 북한에서 온 북한이탈주민 통일서예강사가 함께 엮은 책이다. 71년 켜켜이 쌓인 한 맺힌 시간들을 이제 그만 끝내고자 하는 바람을 담아 71개의 글씨를 짓고 붓으로 새겨 넣었다. 그리고 71명의 통일동지라 불리는 사람들의 마음을 페이지마다 오롯이 담아냈다. 71년이라는 분단의 시간에 이제 그만 마침표를 찍었으면 하는 간절한 마음을 아로새기면서 말이다. 통일의 그 날, 김일성 광장에 깊게 새겨질 '통일 심쿵'이 우리 모두의 다짐이 되었으면 좋겠다.

통일수학여행
해파랑길에서 만나는 통일

강동완 외   225쪽 | 21,000원

출간연월 | 2017.9

이 책은 남북한과 제3국 출신 청소년들이 부산 해맞이공원에서부터 강원도 고성 통일전망대에 이르는 해파랑길 770km를 걸으며 통일을 사색하는 여행기다. 진짜 여행이란 본디 무언가를 찾아가는 것이라 하지 않았던가? 아이들에게 해파랑길을 걸으며 통일을 찾아보라 했다. 하지만 그 길 어디에도 통일은 없었다. 대신에 아이들은 분단의 길에서 스스로가 통일이 되었다. 그대 그리고 나, 바로 우리가 통일이다.

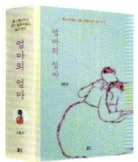

엄마의 엄마
중국 현지에서 만난 탈북여성의 삶과 인권

강동완 지음   450쪽 | 22,000원

출간연월 | 2018.5

국내 최초 중국 현지 거주 탈북여성의 삶을 담다.

이 책은 현재 중국에 거주하는 탈북여성 100명을 현지에서 직접 인터뷰한 그녀들의 이야기다. 북한을 떠나 중국에서 살고 있는 중국 거주 탈북여성. 떠났다는 표현은 어쩌면 그녀들에게는 사치스러운 말이었다. 여기로 살아가는 그 삶속에서 그리운 엄마를 떠올렸다. 누군가의 딸이자 또 누군가의 엄마여야 했다. 엄마에게 가는 길은 가깝고도 멀었다. 그래서 통일은 엄마다.

북중접경지역 5000리 길
그곳에도 사람이 있었네

강동완 지음   432쪽 | 21,000원

출간연월 | 2017.8

이 책은 그동안 북중 접경지역을 수십 차례 오가며 만난 북녘의 사람들을 통일의 눈으로 담아냈다. 같은 장소라도 다른 계절에 가면 바람에 실려 오는 냄새가 달랐다. 분단의 깊은 상처를 고스란히 간직한 북중 접경지역 통한의 길에서 북녘의 사람들을 한 명이라도 더 보려 애썼다. 그곳에도 사람이 있었다. 같지만 다르고, 다르면서도 같은 분단의 사람들이…

김정은의 음악정치
모란봉악단, 김정은을 말하다(두 번째 이야기)

강동완 지음   512쪽 | 25,000원

출간연월 | 2018.10

김정은의 아이콘이라 할 수 있는 모란봉악단은 북한에서 의미 있고 특별한 날에는 어김없이 공연 무대에 오른다. '음악정치'라 표현할 만큼 모란봉악단의 위상은 대단하다. 모란봉악단을 보면 분명 김정은이 보인다. 북한판 걸그룹이라 불리며 우리 사회에서도 남다른 주목을 받는 모란봉악단은 공연마다 김정은의 정치적 의도를 담고 있다. 이 책은 <모란봉악단, 김정은을 말하다>후속편으로 전편 14회차 공연에 이어서 2014년 3월 공연(15회차)부터 2017년 12월까지 개최된 전 공연(31회차)을 살펴본다.

통일, 에라 모르겠다
한류로 만나는 남북청년 통일프로젝트

강동완 외   380쪽 | 17,000원

출간연월 | 2017.3

<한류, 북한을 흔들다>라는 제목으로 분단조국의 청년PD들과 함께 만든 라디오 다큐멘터리는 <뉴욕페스티벌>, <한국방송대상>을 수상했다. 이 책은 방송 제작과정의 순간순간을 오롯이 담아냈다. 통일이 우리의 일상이 되기를 바라면서…남북 **청년들이 말한다. "통일, 에라 모르겠다. 고민하지마."**

통일의 눈으로 부산을 다시보다
강동완 지음 | 176쪽 | 15,800원
출간연월 | 2017.2

북중접경 시리즈 1
평양 밖 북조선
999장의 사진에 담은 북쪽의 북한
강동완 지음 | 540쪽 | 35,000원
출간연월 | 2018.9

국내 최초 통일여행 안내서 - 통일 교두보 부산의 이야기!!!
이 책은 '통일아 놀자'라는 주제로 우리의 일상을 통일의 눈으로 다시 보자는 시도다. 우리 주변에 흩어져 있는 분단의 유적을 과거와 기억의 역사로 묻어두지 않고 일상에서 느끼는 산역사의 장으로 다시 재구성 하자는 것이다. 그 첫 출발지는 바로 부산이다. 어쩌면 부산은 통일을 위한 마지막 보루로 지켜진 땅일지도 모른다. 부산은 통일을 해 남겨진 땅이라 부르고 싶다.

999장의 사진에 담은 북중접경 2,000km 북녘 사람들의 모습
이 책은 2018년 6월부터 8월까지 북중 접경에서 찍은 999장의 사진을 담았다. 평양 밖 북한은 과연 어떤 모습일까? 북한은 평양과 지방으로 나뉜다. 평양에 사는 특별시민이 아니라 북조선에 살고 있는 우리네 사람들을 마주하고 싶었다. 2018년 여름날, 뜨거웠지만 여전히 차가운 분단의 시간들을 기록하고자 했다. 그리하여 999장의 사진에 북중접경 2,000km 북녘 사람들을 오롯이 담았다. 〈사람, 공간, 생활, 이동, 경계, 담음〉 등 총 6장 39개 주제로 사진을 찍고 999장을 엮었다.

통일의 눈으로 제주를 다시보다
강동완 고성준 지음 | 300쪽 | 21,000원
출간연월 | 2018.12

북중접경 시리즈 2
그들만의 평양
인민의 낙원에는 인민이 없다
강동완 지음 | 272쪽 | 29,000원
출간연월 | 2019.4

국내 최초 통일여행 안내서 - 당신이 통일과 만나는 작은 여행
분단이 우리 삶에 깊숙이 자리하는데, 통일은 일상에 스며들지 못한다. 이 책은 '통일아 놀자'라는 주제로 우리의 일상을 통일의 눈으로 다시 보자는 시도다. 일상의 통일, 통일의 일상을 살다 보면 꿈에도 그리던 통일은 현실이 될 것이다. 우리 일상에서 늘 통일을 생각하고 공감할 수 있는 스토리와 장소가 많아야 한다. 제주 역시 통일을 이야기 하는 〈통일과 평화의 섬〉으로 재조명되어야 한다. 이 책은 제주를 찾는 분들에게 재미있는 통일여행길라잡이가 될 것이다. 푸른 바다에 묻어오는 통일의 바람이 한라에서 백두까지 이어지는데 귀한 걸음을 보태어 달라고 말한다. 통일의 그 날을 생각하며, 통일이 그립거든 제주로 오시기를…

평양 밖 사람들이 어찌 사느냐 물으신다면…
이 책은 2018년 9월부터 2019년 2월까지 북중접경에서 바라본 북녘 사람들의 가을과 겨울을 찍고 기록했다. 혁명의 수도 평양에서 '살아가는' 평양시민이 아닌, 오늘 또 하루를 '살아내는' 북한인민들의 억센 일상을 담았다. 강 너머 망원렌즈로 보이는 북녘의 모습은 누군가의 의도로 연출된 장면이 아니라는 건 분명하다. 북중접경 지역은 바로 북한인민들의 삶이자 현실 그 자체의 잔상을 품었다. 영하 30도를 넘나드는 두만강 칼바람은 마치 날선 분단의 칼날처럼 뼛속을 파고들었다. 매섭고도 아픈 국경의 길은 끊기고 또 이어졌다. 손마디가 떨어질 것 같은 혹독한 추위에도 아랑곳하지 않은 채 덤덤히 또 하루를 살아내는 사람들… 그 길 위에서 마주한 북녘사람들에게 안부를 묻고 싶었다. 그들을 사진에라도 담는 건 진실에서 눈 돌리지 않으려는 최소한의 몸부림이자 고백이다.

통일의 눈으로 서울을 다시보다
정동·광화문편
강동완, 전병길 지음
출간예정 | 2019